JN007028

1872.9.12

鉄道写真
ここで撮っても いいですか

渡部史絵・結解学 共著
長島良成 監修

Ohmsha

本書に掲載されている会社名・製品名は、一般に各社の登録商標または商標です。

本書を発行するにあたって、内容に誤りのないようできる限りの注意を払いましたが、本書の内容を適用した結果生じたこと、また、適用できなかった結果について、著者、出版社とも一切の責任を負いませんのでご了承ください。

本書は、「著作権法」によって、著作権等の権利が保護されている著作物です。本書の複製権・翻訳権・上映権・譲渡権・公衆送信権（送信可能化権を含む）は著作権者が保有しています。本書の全部または一部につき、無断で転載、複写複製、電子的装置への入力等をされると、著作権等の権利侵害となる場合があります。また、代行業者等の第三者によるスキャンやデジタル化は、たとえ個人や家庭内での利用であっても著作権法上認められておりませんので、ご注意ください。

本書の無断複写は、著作権法上の制限事項を除き、禁じられています。本書の複写複製を希望される場合は、そのつど事前に下記へ連絡して許諾を得てください。

出版者著作権管理機構
（電話 03-5244-5088，FAX 03-5244-5089，e-mail: info@jcopy.or.jp）

JCOPY ＜出版者著作権管理機構 委託出版物＞

序文

ここ数年、撮り鉄の方の迷惑行為や、危険な行動などといった、過激な内容のニュースを目にする機会が増えています。

撮り鉄と言えば、鉄道の撮影を楽しみ、趣味にしている人を指しますが、その迷惑行為の内容は、同じ鉄道愛好家として、信じがたい残念なものが多いです。

例えば、レアな鉄道を撮影したいという一心により、無断で沿線付近の私有地に入ったり、木の枝を折ったりする人がいたり、線路内への立ち入りをして、列車の運行妨害をしてしまうなど、驚く内容ばかりです。

ほとんどの鉄道愛好家は、きちんとルールを守り、鉄道撮影などの趣味を楽しんでいるのですが、悲しい話題が多く、同じ鉄道愛好家として胸が痛いです。

それこそ昔は、列車の運行頻度が今よりも少なく、速度も現状よりはゆっくりだったので、雑誌などに線路の脇で撮った写真が掲載されていたり、今よりはルールが緩かったように思いますが、ただ時代背景もあり、黙認されていただけなのかもしれません。

現在はすぐにニュースになり、ＳＮＳなどでも瞬く間にアップされ、頻繁に炎上しています。時代が違う。ということもありますが、今は昔よりも問題が、すぐに見える化できる状況のため、大きな社会問題にまでなっています。

本来鉄道好きであれば、大好きな鉄道を運行している鉄道事業者からの信頼を失う事態は避けなくてはなりません。そして、楽しく撮影するためにも、沿線住民の方に迷惑をかけないように、行動しなくてはなりません。

そんな思いが募り、本書の取材、執筆にいたりました。これまでの取材で見聞きしたものからチョイスをしたり、新たに取材を行うなど、本書執筆を通じて、写真撮影の奥深さや、幅広い法律を知ることができました。

そのなかで、明らかな迷惑行為は分かりやすい例になりますが、意外にも大丈夫と思っていたことが、じつはダメだった⁉ など、これもマナー違反になってしまう。という事実が分かり、私自身も勉強になりました。鉄道写真家の結解学先生、弁護士の長島良成先生、誠にありがとうございます。

本書では、まさに今ここで、鉄道の撮影ルールに向き合っていただき、再確認・再認識してもらいたいと思います。

鉄道の撮影は楽しいですが、マナー、法律をきちんと守って、クールに撮影しませんか。

ルールを守って、純粋に楽しい気持ちで、撮り鉄してほしいのです。

最後に、本書執筆にあたりご協力いただきました井上満先生に、心より感謝の意を申し上げます。

２０２３年７月

鉄道ジャーナリスト　渡部史絵　拝

主なご執筆分担

・各項目の「冒頭／どうしていけないの？／良い写真撮影のために」
……渡部史絵（鉄道ジャーナリスト）

・各項目の「良い写真撮影のために／例」／撮り鉄も乗り鉄も歓迎する「えちごトキめき鉄道」
……結解学（鉄道カメラマン）

・鉄道関係の法律の特徴／一般的なマナー／各項目の「法律」／コラム「守秘義務」
……長島良成（弁護士）

鉄道事業用地に関する表記について

本書において鉄道用地、鉄道敷地、鉄道地内など記載した場合は、**職員以外立ち入り禁止の場所を指します**。

目次

随所

駅舎

コラム

鉄道関係の法律の特徴

本書は、鉄道事業者のような鉄道を事業として運営し、実際に列車を運行する事業者を対象とするものではありませんので、鉄道営業法等の特別法について考察するのではなく、いわゆる鉄道愛好家、鉄道を趣味の対象とする方を念頭に、どのような法律関係が成立し、適用されるのかを考えることとします。

さらに本書が特に対象とする鉄道車両や施設の状況などと撮影する「撮り鉄」の方に焦点を当てれば、以下のような点が指摘できると思います。

撮り鉄などの鉄道愛好家の方は、鉄道事業者にとっては、乗客として列車を利用して貰えるのであればお客様となりますが、単に線路脇で列車を撮影するだけであれば、何ら収益に貢献するものでもなく、列車運行の妨害などが起こることは論外であり、そうでなくとも運転者から見た場合、ホームの端ギリギリでカメラを構えるなど、ヒヤリ、ハットとさせられる危険な行動が頻発するのであれば迷惑な存在として規制や排除の対象となってしまいかねません。

鉄道事業者から、また広く社会からも、迷惑な行為に及ぶ危険性がないのだろうかという見方をされている鉄道ファン、とりわけ撮り鉄の人達には、自分の行動に色々な法律が適用されること、さらには思っているより重い責任追及を受ける可能性があることも肝に銘じておくべきこととなります。

以下、一般的に適用が考えられる法律について概観します。

①まず社会的に許されない行為、明らかに違法であり、場合によっては他の第三者に危険を及ぼしかねない行為については、刑法、軽犯罪法の適用が考えられます。刑法としては往来妨害及び同致死傷罪（一二四条）、列車往来危険罪（一二五条）、汽車等転覆及び同致死罪（一二六条）、住居、建造物侵入罪（一三〇条）、威力業務妨害罪（二三四条）、相手によっては公務執行妨害罪（九五条）、器物損壊罪（二六一条）など、軽犯罪法第一条としては、正当な理由なく建物等にひそんでいる行為（一号）、汽車、電車等公共の乗物の乗客に対して著しく粗野又は乱暴な言動で迷惑をかけたり（五号）、切符の購入等の公衆の列に割り込んだり列を乱したりする行為（一三号）、公共の利益に反してみだりに汚物、廃物を棄てる行為（二七号）、入ることを禁じた場所、他人の田畑に正当な理由なく立ち入る行為（三二号）などの適用を受けることが考えられます。次に特別刑法である鉄道営業法には、

標識・掲示および信号機等の改ざん等に関する罪（三六条）、鉄道地内立入罪（三七条）、職務執行妨害罪（三八条）が規定され、また新幹線鉄道における列車運行の安全を妨げる行為の処罰に関する特例法（以下「新幹線特例法」と略します）にも、運行保安設備の損壊等の罪（二条）、線路上に物件を置く等の罪（三条）、列車に物件を投げる等の罪（四条）が規定されています。さらに道路交通法には踏切の通過に関する規定（踏切直前での一旦停止、遮断機が閉じようとし、警報器が警報している間の立入禁止、踏切内で運転ができなくなった場合の措置等、三三条、及び一一九条に罰則）もあります。

また、境界が（正確には）分からなくても、他人が居住し、あるいは管理している場所であることを認識して立ち入れば、住居侵入罪、建造物侵入罪に該当することとなります。他方立ち入った土地が明白に他人の住居とか、他人が管理する建造物であるとは分からなかった場合には、犯罪事実の認識がなかったものとして犯罪は不成立となると考えられます。

このような法規は撮り鉄などの鉄道愛好家の迷惑行為を取り締まることを目的に制定されたものではありませんが、実際に迷惑行為が発生したり、結果として列車の運行が阻害されたり、器物や施設などが毀損、破壊等されたような場合には適用されることとなります。

以上は刑事罰に関する規定ですが、各鉄道事業者は旅客営業規則を定めておりますので、利用者としてはそれらの規則の適用を受けることとなりますし、鉄道事業者に対して、あるいは他の乗客や第三者らに対して損害与えてしまった場合には、民事上の損害賠償の規定（民法七〇九条不法行為、或いは四一五条債務不履行）の適用により損害賠償請求を受けることも考えられます。

その他、各人の行為が、所属する企業や団体などの内部規定、就業規則などの懲戒規定に抵触する場合には、それぞれ処分を受け、最悪の場合には懲戒解雇等の制裁を受けることも否定できません。

以上、鉄道愛好家の行為も、当然に社会における法律適用等を受けるわけですから、刑事責任、民事責任、さらには社会的な制裁まで受ける可能性があることを念頭において、それらに抵触することがないように慎重に行動することが求められていることとなります。

一般的なマナー

一般的に撮り鉄の皆さんが撮影等を行うに当たっては、

・家屋に無断で侵入しない

・列車や鉄道事業者の装置を無断で操作等してはいけない

・駅員さんなどに要求してはならないことをするように求めてはならない、ましてそれを強要してはならない

・周囲が会話できないほどの大声・大音量を出してはいけない

・喧嘩は、口喧嘩も程度と雖《いえど》も避けるべきである

・ゴミは全て持って帰るか、定められた場所、設備に捨てる

・撮影が終わった後はきれいにして帰る

・優先席はもとより普通の席に撮影用の機材を置くなどして、席を必要とする人が座れないような事態を起こさない

・キセル乗車は違法であり、してはならない

・自分の考えが正しいと思っても暴言・暴力に訴えて要求してはならない
・大きな荷物で他の乗客に迷惑をかけたりしない
・人を殴ったり他人の物を盗むなどの行為は撮り鉄とは何ら関係のない事象として犯罪行為であるから、行ってはならない

などの行動基準を守るように要請されております。これらの列挙した事項は、マナー（礼儀作法にかなっているかどうか）ではなく、社会で定められているルールに抵触するものも多く含まれていると考えられます。マナーに過ぎないから、厳密には守らなくても良いなどと考えるのではなく、ましてやルールに抵触するおそれ（法規違反のおそれ）がある行為は絶対に行わないように、各自が自らの行動を規律して頂きたいと思います。そして迷惑を掛ける行動が社会の関心を集めるような事態が頻発すると、将来的に鉄道愛好家の行動が社会から非難され、ひいては自らの首を絞めて活動しにくくなる事態を招くこととなります。他方立派な心がけだと評価されれば、鉄道趣味が社会的にさらに認知され、その活動を暖かく見守って貰えることとなるでしょう。

NG1

住宅・庭への無断立ち入り

良い写真を撮りたいために他人の家の塀に登ったり梯子を立てかけたりした。さらに、構図の邪魔になる民家の庭の樹木の枝を折ったり、伐採をした。

どうしていけないの？

他人の敷地に入ったり、所有物を傷つけたりするのは常識的にＮＧです。それもマナー以前に犯罪に値する行為になります。また、線路の高い柵に梯子をかけての撮影も、柵が鉄道事業者の所有物のためＮＧです。

良い写真撮影のために

撮影地で、この家がなければ、この木が少し画面に写るなど、撮りたいアングルに支障物があることは多々あるでしょう。その場合は、無理をしないで違う撮影地で撮ることが一番です。

逆に家や木々を写真の題材に使う手もあります。写真は現状を伝えることに意味があります。「ここには、こんな家があった。こんな木が生えていた」。数年後に訪れて、同じ場所で撮影をすれば、時の流れを表す作品となります。

例｜周囲を生かした作品

写真1、2は、築堤を行く列車の手前に家があり、せっかくの列車が隠れてしまいます。ただ、周囲をよく見ると立派な日本家屋が建っていたので、これをモチーフに作画したものです。列車が写り込む範囲は1両分もないので、このときは「ＪＲＦ」と「桃太郎」のロゴが見える位置でシャッターを切っています。

写真3、4は、東急世田谷線沿線です。線路わきに木が植えられていますが、隙間があり公道から電車の撮影ができました。これも、せっかくなので木を生かして作画したものです。

写真１　日本家屋をモチーフに撮影した例１＜岡山県 山陽本線万富～熊山＞

写真２　日本家屋をモチーフに撮影した例２（ロゴを入れた）＜岡山県 山陽本線万富～熊山＞

家屋や木々などが撮影の邪魔となることもありますが、逆にこれらを取り入れた写真も一風変わっていいのではないでしょうか。

写真３　線路わきの木を生かした例１＜東京都 東急世田谷線山下〜松原＞

写真４　線路わきの木を生かした例２＜東京都 東急世田谷線山下〜松原＞

法律

風景の一部、背景の一部として建物が写り込んでしまうことは問題ありません。

他人が所有し、利用している土地や建物に許可なく立ち入る行為が、その所有者や利用者らに恐怖感や不快感を与えるだけでなく、種々の法規に触れる行為であることは、自宅の庭や建物内に勝手に立ち入られた場合を考えれば容易に理解できるでしょう。鉄道の敷地内に許可なく立ち入る行為が抵触する法令としては、鉄道営業法の敷地内立入の罪（同法三七条）、それが新幹線の場合は新幹線特例法三条2号違反）、建造物の周囲の土地（囲《い》繞《にょう》地《ち》）であった場合には建造物侵入罪（刑法一三〇条）、さらにその行為の結果として列車を停めた場合には鉄道事業者の業務を妨害したものとして威力業務妨害罪（刑法二三四条）などに該当する他、立ち入り禁止等の看板が設置され「入るのを禁じた場所」に該当する場合に正当な理由なく立ち入った場合には軽犯罪法一条三二号違反となる可能性があります。また樹木を伐採したり、枝を折る行為は刑法の器物損壊罪（刑法二六一条）に抵触する行為であり、さらに損害賠償請求を受ける可能性もあります。

NG2

会社への無断立ち入り

撮影場所付近で好アングルが得られるポイントがないかと周囲を見まわしていると、近くの建設会社資材置き場や駐車場から線路を一望できることがわかった。日曜日で誰もいなかったため無断で立ち入り、トラックの荷台や事務所の外階段から撮影を行った。

どうしていけないの?

たとえ休日でその会社が作業をしていなかったとしても、他人の敷地内に無断で入るのは禁止です。どうしても撮影をしたい場合は、平日に訪れ、許可を得るようにしましょう。また、仮に敷地内に立ち入りの許可を得ても、仕事で使われる大事なトラックの荷台などに上るのは慎むべきでしょう。

良い写真撮影のために

立ち入って撮影したい場合には、所有者の許可を取るしかありません。

例｜無断で入ってはいけない場所

写真1は、駐車場の背後に電車が走っています。駐車場内から柵越しに撮影したい気持ちを持たれることもあるでしょうが、駐車場は基本的に契約者や管理者しか入れない私有地ですので、無断でここに入っての撮影はあきらめましょう。

写真1　駐車場例＜神奈川県 相模鉄道鶴ヶ峰～二俣川＞

法律

建築会社の資材置き場や駐車場であるといえども、無断で立ち入れば、建造物侵入罪（刑法一三〇条）に該当することとなります。建造物侵入罪の客体には建物に付属する囲繞地《いにょうち》も含まれます。つまり建物に付随する敷地で塀や囲いで仕切られた敷地であれば「人の看守する建造物」に該当することとなりますので、当該不動産の所有者の意に反する立ち入りは建造物侵入罪（刑法一三〇条）となり、さらに退去を求められても退去しなかった場合には不退去罪（同一三〇条）が成立する可能性があります。

また「入ることを禁じた場所又は他人の田畑に正当な理由がなくて入った者」に該当すれば軽犯罪法一条三二号で処罰される可能性もあります。

NG3

公道での通行妨害

人気の撮影スポットとして有名な公道から撮影を行ったが、当然多くの人が集まっており、利用した三脚や脚立が通行人の妨げとなってしまった。また、迫力のある写真を求め陸橋、歩道橋から身を乗り出して撮影を行った。

どうしていけないの?

これはよく見られることです。公道から写真を撮ることが鉄道写真の基本スタイルですが、一般の歩行者や自動車の通行を妨げるような行為は、地元の人々の反感を買い、撮影禁止になる可能性もあります。また、通行ができない旨を警察に連絡されると、警官により排除され、撮影自体ができなくなることもあります。さらに、陸橋や歩道橋から身を乗り出すのはカメラの落下や、ご自身の転落の危険もあります。

良い写真撮影のために

公道や歩道からの撮影は、人や自転車が通れるスペースを確保しましょう。三脚を使用すると歩道を占拠するような場合は、三脚利用はあきらめ手持ちでの撮影にするのが良いでしょう。動画撮影など、どうしても三脚を使用したい場合は、つねに歩行者や自転車に注意を払い、通行人の邪魔にならないようにすぐに三脚をたためる体制としてください。

また、歩道のない道路では、なるべくガードレールなど道路の端に寄り、通行人や自動車の通行の邪魔をしないようにしましょう。

陸橋や歩道橋などはカメラの落下やご自身の転落の危険があるので、乗り出さないことが原則です。

例｜三脚の使い方

三脚は、手振れを防いだり、動画を撮影したりする際によく使われます。便利なアイテムですが、公道での使用は、歩行者や車が通行する際の妨げとなることがありますので、周囲の状況をよく確認する必要があります。

写真1は、三脚を使用した例ですが、カメラバックを三脚の横に置くことで、通行の支障になることがあります。写真2のように、荷物は三脚の下に置くようにして、なるべく占有するスペースを狭くしましょう。写真3は実際に小田急3000形を撮影していますが、道路が狭いので車の通行に注意を払い、通行時は写真4のように、いったん三脚を狭めて妨げにならないようにしてください。

写真1　カメラバックが邪魔をする例

写真2　カメラバックを三脚の下に置いて、占有スペースを小さくした例

写真3　実際の撮影例（三脚を広げている）

写真4　実際の撮影例（邪魔にならないように三脚を狭めた）

法律

道路交通法七六条3項に「何人も、交通の妨害となるような方法で物件をみだりに道路においてはならない」と規定され、その罰則が同法一一九条2項七号となっていますので、明らかに通行人などの妨害となるような方法で三脚を道路に立てて長時間撮影をするような行動は処罰の対象とされることがあります。よって公道で撮影するとしても、通行人が通りにくくなるようなことがないように注意すべきこととなります。

NG4

周辺の植生に手を加える

列車の付近に花のある風景を撮影したくて、線路脇に草花を植えたほか、邪魔な木々を伐採した。また、民家の生け垣も綺麗に剪定した。

どうしていけないの？

線路の周辺に草花を植えたりして美しい光景に変貌させる行為は、素晴らしいことに思われますが、勝手に改造する行為はＮＧです。そもそも、草花を植えるためには、鉄道用地や私有地への無断立ち入りともなります。公の場所だとしても、草花が根を張ることで、ほかの植物への悪影響も考えられます。

また、生け垣の持ち主に黙って勝手に剪定することはできません。

良い写真撮影のために

どうしても草花を植えたいときは、土地の所有者の許可を得ましょう。所有者がわからないような空地でもだめです。鉄道沿線には、菜の花やひまわり、チューリップなどが毎年咲く撮影適地が多数見られます。なかには、自然のものもありますが、地元の観光協会などが観光客誘致のために行っているほか、個人が田畑で育てている場合があります。前者は、誰もが花に近づいて楽しめるように整備されていますが、個人の畑の場合は作物として育てていますので、たとえ田畑に入らなくても作物を傷つけるような行為は絶対にやめてください。

例｜草花・地域住民と鉄道のコラボ

写真1は、釜石線のひまわり畑での撮影です。この畑のひまわりは、油を採取するために育てていますが、農家の方が好意で畑の農道や、車の駐車場を開放してくれています。撮影はそのことを踏まえ、畑には入らず農道から行ってください。この厚意に感謝をする意味で、鉄道愛好家がひまわり栽培の募金箱（写真2）

写真1　ひまわり畑＜岩手県 釜石線平倉～足ヶ瀬＞

写真2 ひまわり栽培の募金箱
＜岩手県 釜石線平倉～足ヶ瀬＞

写真3　菜の花畑（入ってはいけない）＜三重県 近鉄大阪線三本松～赤目口＞

を設置し、農家の方々とのコミュニケーションもとっています。

写真3は、近鉄沿線の菜の花畑です。列車とのコラボレーションには最適な場所ですが、撮影者用に咲かせているわけではなく、菜の花油を採取するための作物です。このような場所では、公道から撮影するようにしましょう。

法律

木を植える行為は、植えるために他人の家の庭などに入り込むことになりますので、その時点で建造物侵入罪（刑法一三〇条）や軽犯罪法（一条三二号）に該当する可能性があります。また他人の庭に既に植えられている植物などを掘り返した場合には器物損壊罪（刑法二六一条）にも該当しかねません。

また樹木を植える行為によって、道路脇で信号や道路標識などに支障を生じさせた場合には道路交通法上の禁止行為（同法七六条、一一八条2項五号）に該当して罰金に処せられる可能性があります。

生け垣を剪定する行為についても、そのための立ち入りが建造物侵入罪（刑法一三〇条）や軽犯罪法（一条三二号）に、また剪定行為自体が器物損壊罪（刑法二六一条）に該当する可能性があります。

NG5 景観の大規模改造

水鏡に映る列車を撮りたくて、農家に黙ってポンプを起動し、水が張っていない時期の水田に水を張った。さらに撮影の邪魔となる鉄柵を引き抜き、加えてスモークや紙吹雪で演出をした。

どうしていけないの？

勝手に水を張るのは、所有者に大変な迷惑がかかり、行為者にはポンプ・水の使用料や田んぼの復帰にかかる費用などが請求されることでしょう。絶対にやってはいけないことです。鉄柵は、もちろん個人の所有物ですので勝手に抜くことはできません。

演出のためにスモークや紙吹雪を使うことも、それを見た運転手が異常と察知して電車を止める場合があります。このような行為も慎むべきです。

良い写真を撮るために

田んぼに水を張るのは田植えの時期で、5月頃から6月中旬に始まります。田植え時には少し水を張り、その後稲を寒さから守るため、稲の先が少し出るぐらいの深水を行います（地域により様々な工夫がされています）。水鏡の列車を撮影するなら、この頃がベストです。

また、田んぼの周囲の鉄柵などは、害獣の侵入を防いだりする目的もありますので、たとえ公道からであっても、絶対に抜いてはいけません。柵が邪魔なら構図を工夫して見えないようにする工夫をしましょう。

スモークや紙吹雪は、地元の警察署や鉄道事業者など関係各所の正式な許可を得てからにしましょう。許可を得たとしても、もちろん紙吹雪などは使用後に回収が必要です。

例｜水鏡

写真1は、水田が水鏡となったかつての北陸本線（現在は、あいの風とやま鉄道）での撮影です。稲を植える前に水を張った状態で、無風だったため綺麗な水鏡となっています。水鏡は晴天の無風状態でないと綺麗に映りません。写真2は、稲を植えた後の状態です。この先稲が育つと水抜きが行われてしまいます。

写真1　水鏡例1　＜富山県 北陸本線（現在のあいの風とやま鉄道）西高岡～高岡

法律

他人の水田に許可無く水を張る行為は、物の効用を害する行為として器物損壊罪（刑法二六一条）に該当しうるだけでなく、水を張るべきではない時期に水が入れられる行為が農業作業を妨害することにもなりかねませんので、農業の稲作業務を妨害する行為として威力業務妨害罪（刑法二三四条）の適用を受けることになります。

撮影の邪魔となる鉄柵を引

写真2　水鏡例2　＜栃木県 東武鬼怒川線大谷向～大桑＞

き抜く行為は、器物損壊罪（刑法二六一条）、またそれによって害獣による被害を招いた場合などには威力業務妨害罪（刑法二三四条）にも該当するだけでなく、仮にその鉄柵が隣地との境界標ともなっていた場合には、境界標を損壊、移動、除去し、またはその他の方法により土地の境界を認識することができないようにした者として境界標損壊罪（刑法二六二条の二）にも該当する可能性があります。

列車が走行しているときにスモークを噴出させたり紙吹雪を撒いたりする行為は、あらかじめ知らされていない運転手が異常と認識して列車を停止させるなどのおそれもあり、威力業務妨害罪（刑法二三四条）だけでなく列車往来危険罪（刑法一二五条）などの重大な犯罪ともなりかねません。

NG6

空き地と区別がつかない撮影ポイント

線路の周囲が雑草や木々で囲まれており、そこは公的で安全な場所と思い撮影をしたが、その雑草の生い茂る場所は、鉄道用地内だった。

どうしていけないの？

部外者からは公的な空き地に見える場所であっても、鉄道用地である場合があることを忘れてはいけません。そして、列車の運転士は、日頃から自社の所有地を把握しており、鉄道用地への侵入者を見かければ、列車無線で指令に連絡をし、係員が派遣されたりするほか、侵入者が線路に近づいている状態であれば、安全優先のために列車を停車させることがあります。わからなかったのだとしても鉄道事業者に迷惑をかける行為になります。

良い写真撮影のために

都会では鉄道用地との境界には柵があるため、境界がわかりやすいのですが、地方だと柵も無く、線路の脇に広いスペースがある場所も見られます。このスペースは、保線用の資材置き場だったりすることが多く、資材が置いてあればそうだとわかりやすいのですが、その資材置き場を廃止した場合は、雑草が生い茂り、空き地のように見えてしまう場合もあります。また、将来の複線化用の用地の場合であることもあり得ます。

鉄道の敷地と他との境界には、それを表す境界標が、数メートルおきに地面に埋め込まれているので、一つの目印となりますが、草に埋もれてわかりづらいものも多くあります。

やはり、撮影には明らかに公道として活用されている場所を選んだ方が無難でしょう。

例｜境界

都心部では写真1のように鉄道用地は柵で囲まれていますが、地方の路線では写真3のように柵がない場所が多く、間違えて用地内で撮影を行ってしまう場合があります。鉄道用地との境界を示す境界抗が目印となりますが、ない場合もあるので周辺の状況から判断するしかありません。

境界抗（石）とは、隣接する土地所有者同士の境界として用いられることが多く、住居や鉄道用地以外にも工場などの用地を明確にするため設置されています（写真3、4、5）。鉄道の境界抗は、主に頭部を赤く塗ったものが多

写真1　柵で囲まれた踏切脇の鉄道用地＜埼玉県 東武野田線南桜井～川間＞

写真2　柵越しに見た電車＜埼玉県 東武野田線南桜井～川間＞

写真3　線路脇の赤い物体が境界抗＜三重県 近鉄山田線櫛田～漕代駅＞

写真4　国鉄時代からの境界
抗には「工」の印が付いている

写真5　境界抗から先の斜面は鉄道用地となる

く、JR線では国鉄時代から使われている「工」の印が付いています。私鉄では、その鉄道事業者の社名や社紋が使われていることもあります。

法律

鉄道用地内と知らずに立ち入ったのであれば、故意がないので建造物侵入罪や軽犯罪法、鉄道営業法などの法令の違反にはならないと考えられます。

ただしその後、立ち去るように警告を受け、鉄道用地内であったと認識した後も用地内から立ち去ろうとしなかった場合には、刑法一三〇条の不退去罪に該当することとなりますので、敷地内と認識した場合には、そこから速やかに立ち去るべきです。

NG7 田畑・山林への立ち入り

撮影スポットを探そうと線路近くの田畑や山林の小道に入った。あまりの好適地に興奮し、小道脇の畑の作物をうっかり倒してしまい収穫できないようにしてしまった。さらに気が付くと、田畑の土の一部を踏み固めてしまっていた。

どうしていけないの？

畑の作物は農家の大事な収入源です。絶対に倒したり引っこ抜いたりしてはいけません。場合によっては損害賠償を請求されます。

また、作物が生えていなくても、土の下には作物の種が蒔かれていることがあります。土を踏み固めてしまうと種の芽が育たなくなることもあるので、注意しましょう。

良い写真撮影のために

田畑に通じる農道や山林の小道は、私有地で、あぜ道といった農作業用のため以外にも、地元の方の私的散歩道として使用されていることがあります。小道・あぜ道に入っての撮影は、一般に多めに見ていただいているという農家の方の好意によるものなので、撮影の際は、そのことを踏まえてごみを捨てたり、あぜ道・小道・農地を荒らしたりしないようにしましょう。出ていくことを求められたら速やかに出ていきましょう。

例｜あぜ道や作例

写真は、有名な鉄道撮影地でもある東北本線の東大宮～蓮田間の田園で、田んぼの中をあぜ道が貫いています。このあぜ道は農作業のためのもので農家の方が作業のために使用します。ただ、地元の方が散歩道として利用していることもあり、ここで撮影していても黙認してくれますが、これは農家の方の特別なご好意だということを認識し、あぜ道以外には入らず、ごみを捨てるようなことは絶対にしないでください。

写真1　線路脇のあぜ道<埼玉県 東北本線東大宮〜蓮田間>

写真2　写真1から撮影した綺麗な列車写真の例<埼玉県 東北本線東大宮〜蓮田間>

写真3　あぜ道に咲く白い花をアクセントにした構図。線路の脇には写真の題材が多くあるので踏みつけないように注意しましょう。＜埼玉県 東北本線東大宮～蓮田間＞

写真4　あぜ道でもこのような細いあぜは、崩れやすいので立ち入らないように

法律

田畑や山林への立ち入りは、田畑などは建造物ではないので建造物侵入罪（刑法一三〇条）には該当しないと考えられます。しかし「入ることを禁じた場所又は他人の田畑に正当な理由なく立ち入る」行為は軽犯罪法一条三二号違反となりますので、立ち入ってはなりません。

さらに田畑の作物を踏み荒らしてしまう、さらに地面を踏み固めてしまう行為は、威力業務妨害罪（刑法二三四条）に、さらに器物損壊罪（刑法二六一条）にも該当することになります。

NG8

土手・河原

- 線路わきの空き地で三脚を使用して撮影を行った。
- 河原や土手上部の遊歩道で三脚を使用した。
- 土手ののり面で撮影を行った。

どうしていけないの?

線路わきの空き地が鉄道用地や私有地でなければ問題はありません。河原や土手の遊歩道も問題はありません。ただし、歩行者を妨げるような行為はＮＧです。土手ののり面での撮影は、土手を痛め、崩落させることがあるので、慎んだほうがよいでしょう。

良い写真撮影のために

土手道は、鉄橋を渡る列車を撮影する好ポイントです。歩行者ほか他の人の邪魔にならなければ、思いっきり撮影を楽しめます。ただ、イベント列車などが走るときには、多くの人が集まりますが、歩行者とトラブルにならないように、通行できるスペースを必ず確保するようにしてください。

例｜土手や作例

写真1は、東武野田線の江戸川橋梁で、土手道が人と自転車が通行できる遊歩道となっています。ここでは、道幅も広いので思いっきり撮影を楽しめますが、人の通行を妨げないように注意しましょう。

河原に降りての撮影も、自身が安全だと確認できれば問題はないでしょう。

写真1　広い土手道では三脚の使用も可能＜千葉県 東武野田線の江戸川橋梁＞

写真2　土手道から撮影した東武8000系＜千葉県 東武野田線の江戸川橋梁＞

写真3　河原から見上げる構図で撮影した京王7000系＜東京都 京王線中河原～聖蹟桜ヶ丘＞

写真4　＜三重県 近鉄山田線小俣～宮町＞

法律

河原や土手など、自由に出入りしたり、歩いたりできる場所であれば、立ち入って撮影をすることは問題にはなりません。もっとも「立ち入り禁止」などの看板が設置されている場合は「入るのを禁じた場所」に該当しますので、そこへの立ち入りは軽犯罪法一条三二号に違反することとなります。

看板などが設置されていない場合でも、自由に立ち入るべきではないと判断されるべき場所には、立ち入って撮影することは控えるべきです。

明白に立ち入りが禁止されていなくとも、立ち入ると危険性がある場所には立ち入りを差し控えるべきです。危険性の観点からは、急な傾斜ののり面など、撮影に夢中になって滑落したり、三脚を設置すると斜面が崩落しかねない場所なども、立ち入って撮影すべきではないと考えられます。過去にも列車を撮影しようとして崖から転落して死亡した不幸な事故が起きたこともあり、そうなっては撮影者自身はもとより家族の方も不幸になりますし、撮影していた周囲の人などにも多大な迷惑が掛かることとなります。

NG9

沿線での駐車や場所取り

その場所は、列車全体が見渡せる田畑が撮影ポイントです。付近の農道に車で乗りつけ、撮影ポイントには三脚をセットし、夕方からは農道上でバーベキューをするなど楽しんだ。朝になると、多くのカメラを持った撮り鉄が集まってきたため、トイレにも安心して行けるように、三脚周辺に場所取りの貼り紙をした。

どうしていけないの？

道路は様々な人や車両が往来し、そこに長時間車両を停車させるということは、それらの通行を妨げる原因になります。また、その近くに住む人たちにとっては、長時間または夜になっても、家の周辺で話し声がしているのは迷惑につながります。

観光列車などの珍しい列車が運行されるのは、観光促進などのためであり、本来的には、沿線地域が盛り上がるのは、嬉しいことのはずです。

しかし、自分勝手な行動が発端となり、沿線住民に迷惑がかかってしまうことがあります。鉄道事業者が、「今後はイベント列車の運行を控えよう。」という動きになってしまっては、鉄道で地域を盛り上げたい、と願う沿線住民の気持ちを踏みにじってしまいます。

場所取りをするのも、他人からすれば良い印象とは言えません。その土地の持ち主からすると、「うちの土地に勝手に入り、何をしているのだ！」と訴えられることも考えられます。

良い写真撮影のために

自分たちの車は、正規の駐車場に停車させ、撮影スポットにおいても長時間に渡って陣取りをせず、譲り合いをしながら、写真を撮影しましょう。鉄道愛好家同士で他者に気を遣い、マナーを守って撮影をするようにしましょう。また、撮影現場で出会った地元の人に対しては、感謝の気持ちをもち、仲良くなることが

写真1　山口線の名所本門前踏切の道路から撮影した「SLやまぐち号」＜島根県 船平山〜津和野＞

得策です。そうすることで、知らなかった撮影スポットや、人気列車の今後の運行予定などの情報を教えてもらえることがあります。撮影地で知り合いや友達を増やすと、今後の鉄道趣味活動そのものが楽しくなります。

なお、ＪＲ西日本の山口線沿線では「ＳＬやまぐち号」撮影者のために、沿線自治体が駐車場を設置したり、工場の駐車場を有料ですが開放したりしています。そのような場所に限らず、指定された駐車場を利用するなどして、地域の人々とのトラブルが起きないようにしましょう。

写真2　写真1の本門前踏切付近の農道は三脚や車の駐車が禁止されている

写真3　本門前踏切付近には自治体が駐車場を開放しているのでここを利用してほしい。

写真4　「SLやまぐち号」＜山口県 山口線長門峡～渡川＞

例｜作例や周辺環境

写真1は、「SLやまぐち号」を、有名な撮影地「本門前踏切付近」から撮影しました。踏切は車が1台通れるほどの道幅で、その後ろは農道になっています。撮影自体問題はないのですが、農道への車の立ち入りや三脚の使用は農作業車の妨げとなるため禁止されています（写真2）。通常なら車利用の撮影は不可能となりますが、津和野町ではSL撮影者用の駐車場をすぐそばに設置しています（写真3）。

このように鉄道愛好家と共存を図ろうとする自治体も見られますので、決められた場所に駐車してください。

バーベキューなどは、農道では行えません。キャンプ場など決められた場所で行ってください。撮影地では鉄道愛好者とコミュニケーションをとれば、交代でトイレに行くなどもできるでしょう。

法律

農家の方にとっては、田畑は仕事場であり、生活の糧を得る重要な場所です。そのような場所に勝手に車で乗り付け、長時間道路を占拠したり、飲食（飲酒）をして騒いだりすることは、農家や土地所有者らに対して不快感や恐怖感を与えるだけでなく、ひいては仕事を妨害したり、作物を荒らしたり（刑法二三四条威力業務妨害罪、同二六一条器物損壊罪）しかねない行為として、すべきではないこととなります。

また場所取りの貼り紙については、そもそもその場所が公道であるにしろ、個人の私有地であるにしろ、撮影目的で来た人が、その土地のある部分について他人の立ち入り等を排除できるような排他的な占有を確保できる立場にはないのですから、貼り紙は何ら有効なものではなく、まして農家の人や地元の人達に対して、貼り紙をした場所への立ち入りなどを拒否する効力があるものでもありません。

NG10

鉄道員コスプレ

モデルに鉄道工事作業員類似の格好をさせて、通過する列車とともに撮影した。撮影場所は、鉄道用地内だった。

どうしていけないの?

まず、鉄道用地内は一般の人の立ち入りは禁止されていますので、この時点で違反をしています。

鉄道の保線係などは、最低2人以上で線路の巡回をするほか、事前に作業員が線路内に立ち入ることを運転士に知らせます。そのため、鉄道用地内で作業員の格好をしていると間違いなく不審者とされ、警察が出動する事態にもなりかねません。

また、警察官や消防士などの資格を有する職業のコスプレは法律で規制されていますので、鉄道職員のコスプレも慎むべきです。

良い写真撮影のために

どうしても鉄道作業員のコスプレで撮影をしたいのであれば、鉄道用地（立ち入り可の場所も含む）から離れた場所にコスプレイヤーを立たせ、写真上での列車と人との距離間を縮めるために望遠レンズを使用すれば、構図的には可能です。ただ、あまりお勧めできません。

また、スタジオなど異なる場所でコスプレイヤーを撮影し、列車写真と合成する方法もあります。デジタル技術が進んでいるので、合成写真でも違和感ないものも作れるでしょう。

法律

鉄道用地内に、正当な理由なく立ち入る行為は、鉄道営業法三七条によって処罰の対象とされます。これは撮影者ばかりでなくモデルの人も共犯者として処罰の対処となりますので、違法なことを依頼したこととなって、場合によってはモデルから損害賠償請求を受ける可能性も生じます。

　次に官公職等のコスプレは「資格がないにも関わらず、法令により定められた制服もしくは勲章、記章その他の標章、もしくはこれらに似せて作った物を用いた者」に該当して軽犯罪法一条一五号違反になります。鉄道員、あるいは鉄道工事作業員の服装は、直ちにこれには該当しませんが、線路脇に作業員を認めた運転士に違和感を与え、場合によっては線路に異常が生じているのかと思って現場に停車するなどのことになったら、威力業務妨害罪（刑法二三四条）や往来妨害罪（刑法一二四条）などにも該当しかねず、また列車の運行を一定時間止めてしまった場合には、高額の損害賠償を請求されることにもなります。

NG11

ドローン撮影

山沿いを走るローカル線の列車を、真上からドローンを使って空撮したい。

どうしていけないの？

ドローンを使って、鉄道（線路）の真上で撮影をすることは絶対にやってはいけません。国土交通省が定める「無人航空機飛行マニュアル」において、「高速道路、交通量が多い一般道、鉄道の上空や、その付近では飛行させない。」などと記載があります。

ドローンでの撮影は一部に制限があり、また飛行禁止の場所では、ドローン自体の操作ができません。ドローンで鉄道（列車）を空撮するためには、法律を厳守する必要があります。もちろん、列車に接近させて撮影することは、絶対にやってはならないことですし、鉄道の安全運行の重大な障害になりかねません。

法律

　ドローン撮影は航空法により撮影場所や高度の規制がなされており、自由に飛ばせる訳ではありません。またドローンを飛ばすためには資格の必要な場合があります。

　また国会議事堂や外国公館、空港、原子力発電所等の国の重要施設と指定された施設内及びその周辺は小型無線機等飛行禁止法によりドローンの飛行も禁止されていますので、山沿いのローカル線で飛行させると、思いも掛けない制裁を受ける可能性があります。

　ドローンの飛行については、その他各地方自治体の条例によって規制がされている場合もありますし、使用する周波数によっては電波法などにも触れることになります。

　どうしてもドローンを使った撮影をしたいのであれば、飛行が規制されている場所か否かの確認をし、規制されている場合には関係機関へ許可申請を行ったうえで、承認が得られれば撮影が可能となるでしょう。

守秘義務

電話を執拗に掛けることによって鉄道の通常業務に支障を来したのであれば、威力によって業務を妨害したものとして威力業務妨害罪（刑法二三四条）の適用を受ける可能性が高いと思われます。この場合には、妨害の結果、具体的な支障が起きていなくても、いわゆる危険犯として処罰されることとなります。また新型車両などの場合には製造メーカーにとってそのデザインや塗装などを秘密にしておきたいと考えますし、お召列車などでは鉄道事業者として運行自体を秘密にしておきたい必要性があることも考えられます。そのように鉄道事業者などが秘密にしておきたい情報を無理に聞き出そうとする行為は、度を越せば強要罪（刑法二二三条）あるいは脅迫罪（刑法二二二条）に処せられることもありうることとなします。いずれの場合も民事上の損害賠償請求を受けることがあることに注意すべきでしょう。

NG12

長い棒での撮影

長さ8メートルの棒の先にカメラを取り付けて撮影した。

どうしていけないの？

長い棒は倒れた際に危害を及ぼすことがあります。線路脇では架線に触れて感電することがあります。特に2万V以上の交流電化区間では、架線に触れなくとも近づけただけでも感電することがあると言われています。

また、線路から離れていても棒が倒れると人や車、作物や住宅に害を及ぼすことがあります。

良い写真撮影のために

長い棒を使用しての撮影は慎むべきでしょう。どうしても高い位置から撮影したい場合は、線路をまたぐ道路橋などの上から、身を乗り出さずに撮影すればよいでしょう。

例｜踊り場から架線までの距離

在来線の架線は、軌道上から4・5～5・4メートルとされており、5・2メートルを標準の高さとしています。意外と高いように感じられますが、人の身長を1・7メートルとすると、3・5メートルしか離れていません。写真1は、跨線橋《こせんきょう》の踊り場付近から見た架線と電車です。電車の中心までの距離をおおよそ2・5メートル、高さはホームより少し高いので3・6メートルと仮定すると、三平方の定理で踊り場から架線までは約4・4メートルとなります。長い棒を持つと身長の分だけ距離は縮まりますので、架線の周辺では長い棒は禁物です。

写真1　架線と電車の例

法律

長い棒を所持すること自体は特に違法ではありませんが、それを振り回したり、棒の先にカメラを付けて走行してくる列車に近づけて運行を妨害するようなことをすれば、威力業務妨害罪（刑法二三四条）に該当するおそれがありますし、棒を信号機や標識などにぶつけて損壊させたりすれば、（壊すことを認識して行えば）器物損壊罪（刑法二六一条）に、また汽車又は電車の往来の危険を生じさせたら列車往来危険罪（刑法一二五条）、さらに列車を転覆させた場合には往来危険による汽車転覆等の罪（刑法一二七条）にも該当することとなります。

他方、8メートルもの棒は相当の重さがあるでしょうから、それを振り回して他人に怪我をさせたら傷害罪（刑法二〇四条）或いは過失傷害罪（刑法二〇九条）にも該当しかねません。

NG13
線路を挟んでの遊び

列車が来るまで時間があったので、線路を挟んで仲間とキャッチボールをした。

どうしていけないの?

線路を挟んでのキャッチボールは大変危険です。列車が来るまで時間があったとしても時刻表に載っていない臨時列車や回送列車が来ることがあります。線路を横切るボールを運転士が発見したら列車を停車させることも考えられます。また、投球ミスで架線にボールが接触したり、線路上に落ちることもあります。絶対にやめましょう。

良い写真撮影のために

列車が来るまで時間があるとしても、油断はできません。刻々と変わる太陽の位置や露出など、撮影の準備はかかせません。良い写真を撮るには、遊んでいないで準備や周囲の観察に集中することが肝心です。

例｜準備中に予想外の列車が通過し、幸運にも撮影できた

違う列車の撮影に訪れた際に撮影できたレール輸送車キハＥ１９５系。こんな列車が来ることもあるので、撮影地では油断はできません。

写真1　偶然やってきたキハE195系＜埼玉県 東北本線東大宮～蓮田＞

法律

まず、線路を挟んでキャッチボールをするのであれば、ほぼ犬走りなどの鉄道用地内に入り込んでいることになるでしょうから、鉄道営業法三七条の鉄道地内立入罪に該当することになります。

さらにボールを投げていることによって鉄道業務や列車の運行を妨害したら、威力業務妨害罪（刑法二三四条）、ボールを鉄道施設、信号機や標識等にぶつけて損壊させれば器物損壊罪（刑法二六一条）、汽車又は電車の往来の危険を生じさせたら列車往来危険罪（刑法一二五条）、さらに列車を転覆させた場合には往来危険による汽車転覆等の罪（刑法一二七条）にも該当することとなります。

キャッチボールをする場合、ボールを投げそこなったり、受け止めそこなったりすれば、思いもかけないところにボールが飛んで行ったり、物にぶつかって壊したりすることは常識的に予想すべきことですので、撮影に行った場所で行うべきではないと考えられます。

NG14

線路・踏切内

- 線路内、犬走りなどに小型カメラを設置して撮影し、列車通過後に回収した。
- 踏切の遮断機が下りても粘り、近づいてくる列車を正面から撮影した。
- フェンスに上って高い位置から撮影した。

どうしていけないの？

踏切警報器が鳴り、遮断機が下りたらすぐに踏切内から出なくてはいけません。踏切には踏切障害物検知装置が設置されています（設置されてない例もある）。そのため、遮断機が下りても踏切内にいると障害物として検知され、列車の運転士に発光信号などで危険を知らせ停車させることになります。

線路内に設置したカメラは、風圧により飛ばされ車両と接触する危険があります。また、運転士はカメラに限らず異物を見つけたら急停車させます。昭和の時代にはこのような大胆な撮影が行われていたようですが、危険なのでやめましょう。

フェンスに上っての撮影も、足を滑らせて大けがをすることがありますのでやめましょう。

良い写真撮影のために

列車の正面を狙いたいのなら、線路のアウトカーブから望遠レンズで撮影するのが一般的です。発表されている写真はこの方法で撮られています。線路内へのカメラの設置は許されませんので、このような写真は撮影できないと思ってください。

近年は線路わきに高いフェンスが増えました。フェンスが邪魔な場所での撮影は残念ながら諦めるしかありません。フェンスは鉄道事業者の所有物ですので、梯子を掛けたりすることも禁止です。

例　アウトカーブ側から正面を撮影した作例

写真1、2、3は、東急世田谷線の下高井戸駅付近で、駅を出発した電車は大きくカーブを描きます。線路に沿ったアウトカーブ側の道路から望遠レンズを使用すると、電車が向かってくる姿が撮影できます。

　また、同じ場所付近から反対側を望遠レンズで狙えば電車の真正面を捉えることができます（写真4）。このように撮影場所を選んで望遠レンズを使用することで、向かってくる電車の顔をアップで撮ることができますので、線路内に侵入したり、カメラを設置する

写真1　道路から見たカーブする線路＜東京都 東急世田谷線の下高井戸駅付近＞

写真2　望遠レンズでカーブを曲がる電車を撮影した例<東京都 東急世田谷線の下高井戸駅付近>

写真3　写真1の反対側

ようなことは絶対にやめてください。

写真4　300㎜前後の
望遠レンズを使用して
正面から撮影した例

写真5　花輪線赤坂田駅（岩手県）を出発するキハ110。線路上から撮影したように見えるが、アウトカーブ外側から望遠レンズで撮影したもの。画面下に見える線路が右にカーブしているのがわかる。

法律

まず線路内、鉄道敷地内に立入る行為は鉄道営業法三七条の鉄道地内立入罪に該当することになります。

小型カメラを設置することは、列車に接触する危険性があるような置き方をしたために運転士が列車運行に支障があると感じて徐行したり、緊急停止したりすれば、威力業務妨害罪（刑法二三四条）、汽車又は電車の往来の危険を生じさせれば列車往来危険罪（刑法一二五条）にも該当します。

踏切の遮断機が下りてもすぐには線路外に出ない行為は、行為者自身に危険が及ぶことはさておくとして、障害物検知装置が作動すれば列車が緊急停止することも考えられ、威力業務妨害罪（刑法二三四条）、列車往来危険罪（刑法一二五条）に、また職務執行妨害罪（鉄道営業法三八条）違反などによって処罰されることにもなりかねません。

次にフェンスに上って撮影する行為ですが、線路脇に設置されたフェンスは建造物の塀や囲いではないので、直ちに建造物侵入罪が成立することはないと考えられますが、列車を緊急停止させるなど運行を妨害することもあり得ますので、上記と同様に、威力業務妨害罪（刑法二三四条）、列車往来危険罪（刑法一二五条）、職務執行妨害罪（鉄道営業法三八条）などが成立する可能性があります。

なおこれらの行為は、鉄道運行に対する悪質な妨害であると判断され、高額の損害賠償請求を受ける可能性がありますので、その観点からも行うべきではありません（民法七〇九条）。

NG15

レールに耳を当てて音を聞く

「レールに耳を当てると、列車の接近する音が聞こえる」という話を聞き、試してみた。試したところこの下り線にはまだ列車は来ない、と判断できたので、そのまま下り線上で、上り列車の撮影をしようとした。

どうしていけないの？

現場は複線区間です。レールに耳を当てて列車の接近音を確認したのち、列車がしばらく来ることのない下り線にて、上り列車の撮影をしようと、線路に立ち入っています。しかし、上り列車が現場で緊急停車することになり、運転士から指令や警察などへ通報されます。

線路上、鉄道用地内の立ち入りは禁止です。そして、例えいま列車が来ないと判断できたとしても、近づいてくることに変わりはありませんので、大変危険です。列車に気が付いてから現場を通過するのは、一瞬の出来事です。発見してからでは、逃げられない可能性が高いのです。

また、線路上でなくとも、人が鉄道用地内に入っているのを確認すれば、列車は緊急停車します。これは接触事故を防止する上で必要なことであり、ルールとして決められています。

良い写真撮影のために

昔、「レールに耳を当てると、列車がくるのがわかる」という話はありましたが、このような行為は、絶対にやめてください。

今も昔もよくない行為ですが、今は昔よりも列車の運転本数が多くなっています。頭をレールの上に置いたまま、逃げられずに轢かれてしまえば、大事故になり命を失うことになります。取り返しのつかないことになるのです。

また、線路内へのイタズラも重罪です。跨線橋《こせんきょう》から自転車が投げ込まれ、電車と衝突する事故が発生するケースがありましたが、このような行為は列車が遅延するばかりか、損傷した車両の修理、場合によっては脱線事故となり、多くの人命が犠牲になることも考えられます。このような行為も、絶対にやめてください。

法律

線路に耳を当てて音を聞く行為は、まず鉄道敷地内の立入り禁止（鉄道鉄道営業法三七条）に該当するだけでなく、運転士が線路にうずくまっている人間を発見したら緊急停止することは必至ですから、威力業務妨害罪（刑法二三四条）、列車往来危険罪（刑法一二五条）に該当する行為であることになります。

さらに複線区間で、下り線の線路（内）から上り線を走行する列車を撮影するなどの行為は、上記の鉄道敷地内立入禁止違反であるだけでなく、自身が列車に接触して命を落としかねない危険があるうえ、上下線の何れの列車の運転士も、列車指令等に「線路内人立入り」を通報し、自身も列車を緊急停止させることもあり得ますので、威力業務妨害罪

（刑法二三四条）、列車往来危険罪（刑法一二五条）などに該当し、さらに損害賠償請求される（民法七〇九条）こととなります。

NG16

レールや架線に引っ掛かった異物の除去

- **お菓子の空き袋が風に飛ばされ踏切の先のレールに引っ掛かったので、片付けた。**
- **自分の傘が風で飛ばされ架線に引っ掛かってしまったが、鉄道事業者に連絡せず、その場を立ち去った。**

どうしていけないの?

風の強い日は、自分の持ち物が飛ばされることはよくあることです。鉄道用地内に入ってしまった場合、自分で取りに行くのは危険ですので、まずは鉄道事業者に電話で連絡してください。特に傘やビニールが架線に引っ掛かった状態で電車が通過すると、パンタグラフが破損することがあります。緊急を要する事態なので、すぐに鉄道事業者に連絡が必要です。鉄道事業者の連絡先が分からない場合は、警察や消防に連絡するのもよいでしょう。

良い写真撮影のために

風の強い日は、持ち物が飛ばされないように細心の注意が必要です。傘は撮影時には折りたたむようにし、カバンを開ける際は風上に背中を向けて、風を防ぐようにしましょう。

例—強風中

青森県から秋田県の海沿いを走る五能線（写真1）、強風時は白波が線路や車両にまで達します。このような日は、三脚が倒れたり、荷物が吹き飛ばされたりするので注意しましょう。

写真1　風の強い日の作例＜青森県 五能線広戸～追良瀬＞

法律

自身が食べた菓子袋が飛んで行ってレールに引っ掛かった場合には、社会常識としては施設を汚さないようにゴミは拾って片付けるべきと思われます。しかし鉄道用地内は原則として立入禁止ですから、明らかに列車の運行に影響がないような場合には敢えて線路内には立ち入らない判断もあり得ます。他方、かつてチューインガムの包み紙などの銀紙が線路の信号リレーに貼り付いたために回路がショートして信号が正常に作動できなくなるという事故が起きたこともありますから、そのようなおそれがある場合には鉄道事業者らに連絡すべきと思われます。

また傘が飛ばされて架線に引っ掛かった場合には、故意に傘を架線に引っ掛けようとした訳ではないので威力業務妨害罪や器物損壊罪には該当しませんが、そのことを知りつつ放置すれば、不作為による威力業務妨害罪（刑法二三四条）や列車往来危険罪（刑法一二五条）、さらに放置したことによって列車のパンタグラフを破損させたら器物損壊罪（刑法二六一条）などの適用を受ける可能性を否定できません。

さらにパンタグラフが壊れたことなどによって列車の運行が阻害され、長時間運休したような場合には、パンタグラフ等の修理代に止まらず、列車を止めたことに対する損害賠償請求（場合によっては金額は莫大になる）を受けることにもなります。このような場合には、すみやかに鉄道事業者らに連絡すべきでしょう。

NG17

踏切付近

- **踏切警報器に上って撮影をした。**
- **遮断機からカメラを線路内に突き出して撮影した。**

どうしていけないの?

踏切の警報器に上るのは大変危険です。足を滑らせて転落をする恐れがあるほか、警報器の破損にもつながります。以前、このような行為が行われ電車が停車したこともあります。絶対にやってはいけない行為です。

車両は思った以上に車体幅がありますので、遮断機からカメラを出すのは危険です。例えば、ＪＲ東日本のＥ２３３系の最大車体幅（雨どい間）は２９６６ミリあります。線路幅が１０６７ミリなので、線路から片側に９４９・５ミリはみ出すことになります。古い踏切ですと、昔の幅の狭い車両に合わせて踏切の遮断機を設置しているところもあり、遮断機から先に手を伸ばすだけで車両と接触する恐れがあります。

良い写真撮影のために

踏切周辺は、手軽に撮影ができることから撮影スポットとなります。ただ、踏切には、警報器や踏切障害物検知装置、標識など意外と撮影の妨げになる機器も設置されています。そのため、どの踏切でも撮影が可能とは言えません。無理をせず、安全に撮影が可能な踏切を選ぶことが肝心です。

例 ― 踏切

写真1のように、踏切の遮断棒と電車の距離は1メートルもありません。カメラを出すのは大変危険です。

踏切には写真2のように、障害物検知装置などが設置されている場合があります。撮影に不向きと判断した場合は、他の場所に移る決断も必要です。

写真1　踏切の遮断棒と電車の距離

写真2　障害物検知装置

法律

まず刑事責任としては、踏切警報器を破損させたのであれば故意犯としての器物損壊罪が成立します。また踏切警報器がある場所は鉄道用地内だと思われますので、鉄道営業法三七条の鉄道地内立入罪に該当し、さらにその行為によって列車の運行を阻害したり、緊急停止させたりした場合には、威力業務妨害罪（刑法二三四条）や列車往来危険罪（刑法一二五条）にも該当することになるでしょう。

さらに線路内にカメラを突き出して写真を撮ろうとして列車に接触したような場合には、自身の身に危険が及び重大な結果を招きかねないことはさておくとして、その行為によって列車の運行を阻害することになるでしょうから、威力業務妨害罪（刑法二三四条）や列車往来危険罪（刑法一二五条）などに該当することになります。

次に民事責任としては、踏切警報器に上って撮影をした結果、踏切警報器を破損した場合、カメラが列車に接触して列車を損壊させたり、運行を阻害した場合には、不法行為責任（民法七〇九条）が成立して損害賠償請求を受ける可能性があります。

NG18

ホーム上でのフラッシュ撮影

駅に停車中の列車を、ホームからフラッシュを使って撮影をした。

どうしていけないの?

暗い地下のホームでは、光量が足りず、フラッシュ撮影をしてしまう人がいます。しかし、鉄道事業者ではどこも、「フラッシュ撮影」を禁止しています。理由としては、運転士に向けられてくる強い光が目をくらまし、安全な運行の妨げになるからです。

また、運転士本人の健康にも支障をきたす可能性があり、業務が継続できなくなる恐れもあります。特に地下鉄などは暗いトンネル内を走行するため、運転士が突然に強い光（フラッシュ）を浴びてしまうと、そのダメージは非常に大きいと思われます。これは、最後尾を撮影するときも同じで、車掌さんにも同じような影響を与えてしまいます。

いずれにしても、ホーム上でのフラッシュ撮影は、安全上の懸念が発生してしまうほか、ホームにいる利用者へのトラブルにつながる恐れがあります。絶対にすべきことではない撮影方法の一つです。

良い写真撮影のために

暗いホームで撮影を行う場合は、絞りやシャッター速度を落とすか、ＩＳＯ感度を上げるなどし、光量を確保できる状態にして撮影しましょう。また、車両基地でのイベントでフラッシュ撮影を行うときには、その場にいるスタッフに確認をとり、了承を得た上で行うことが、適切だと思います。

例｜ホームでの高感度撮影

写真1は、地下構造の近鉄名古屋駅で、ＩＳＯ感度を４００に設定し、シャッター速度1／20秒の手持ちで撮影しています。地下鉄や地下ホームなど暗い場所

写真1　ISO400、シャッター速度1／20秒の作例＜愛知県 近鉄名古屋駅＞

での撮影は、ＩＳＯ感度を上げるなどで対処しましょう。

写真2　駅に停車中のキハ183系を感度ISO800、シャッター速度1/25、絞りf5.6で手持ち撮影。シャッター速度が遅いので、手ブレが心配な時はISO感度を上げてシャッター速度を上げるとよいでしょう〈北海道　JR北海道札幌駅〉

法律

鉄道のみならず交通機関は、信号などによって指示を伝え、また安全を確保して運行されています。列車の連結、切り離しや、発車合図などにも光によって情報伝達する信号が使われている場合があります。よってそれらの情報伝達手段と見間違える危険性のあるフラッシュを運転者らに対して発光させる行為は、危険を招く行為として取り締まられるべきこととなります。フラッシュが発光されたことによって運転者が周囲の視認ができなくなった場合には、列車の運行を妨害したものとして刑法の威力業務妨害罪（刑法二三四条）、往来妨害罪（刑法一二四条）、列車往来危険罪（刑法一二五条）に処せられる可能性があるほか、不法行為として民事上の損害賠償請求を受ける可能性も考えられます。

NG19

ホーム上の撮影スポット

駅に停車する列車を、スローシャッターでしっかりと撮影したいため、ホーム上に三脚を設置した。その際に、ホーム上を歩く人の流れの妨げになり、人の足が三脚にぶつかり、また、人がホームから転落してしまうなどのトラブルが起きてしまった。

どうしていけないの?

ホーム上は、撮影自体を禁止している鉄道事業者もあります。そうでない場合でも、第一に、安全上のルールを厳守して撮影をするべきでしょう。

また、三脚を使用しての撮影では、他の人とトラブルになることがあるほか、線路などに転落して、列車の運行を妨害してしまう可能性もあります。

ホーム上の一部に大勢の撮影者が集まると、そこから押し出された人が、ホーム上から転落してしまいます。最近では、ホーム上の先端を閉鎖して、撮影禁止としている駅もあります。ホーム上の先端や、ある特定の場所において、大勢の撮影者が集まってしまうのは非常に危険なためです。

撮影者は入線してくる列車に集中してしまうため、周りの状況がわかりにくくなることも多く、他人と体がぶつかり、ホーム上から転落してしまう恐れがあります。特にイベント列車や、臨時列車などの人気の高い列車を運行する際には、鉄道事業者も警戒しています。ホーム上で人が集まりそうな場所に、ロープで区分けをして人数制限を行ったり、注意喚起をする場合もあります。

良い写真撮影のために

三脚の使用は鉄道事業者に許可を得て、三脚を使わなくとも周囲に注意をして撮影しましょう。ホーム上から人が転落してしまうと、付近の列車が緊急停止してしまうほか、関連するすべての列車の運行に、大きな影響を与えてしまいます。その場合、撮影やイベント列車に関係のない、一般の利用者にも大変な影響を与えてしまいます。

またホーム上で、お父さんが子供を肩車して、列車の前で記念撮影をするシーンを見ることがありますが、これもやめたほうが良いでしょう。家族仲良く、微笑ましい光景ではありますが、肩車をすることで重心が不安定になり、列車とホームの間に転落してしまう事故も想像できます。

例｜三脚を使わないスローシャッターの作例と、フラッシュ禁止の表示

現在、例外はあるかもしれませんが、ＪＲ各線をはじめ、私鉄各線では駅での三脚使用が禁じられています。その旨の表示板も設置されていますので、駅での使用は難しい状態です。ＩＳＯ感度を上げて撮影するのが現在のところベストのようです。

写真1は、東武鉄道鬼怒川温泉駅に停車中の「ＳＬ大樹」を、ＩＳＯ感度４０００に設定し1／15秒というスローシャッターで撮影しています。1／15秒のシャッター速度だと流れるような煙が撮影できます。ＩＳＯ感度を上げるとノイズが発生し画像が荒くなる傾向がありますが、最近のミラーレスカメラでは、ノイズが低減されかなり画質が良くなっています。自分のカメラの性能に合わせ

写真1　鬼怒川温泉駅（栃木県）の「SL大樹」。シャッター速度1／15秒の作例

写真2　三脚、脚立の使用の禁止の表示板例＜東京都 東武鉄道池袋駅＞

て設定をするとよいでしょう。

法律

　列車から降りた人が大勢歩いているようなホーム上で三脚を立て、利用客の移動の流れを阻害する行為は、法律の適用以前の問題として、鉄道利用者に対する迷惑行為として行うべきではありません。また各鉄道事業者が定める旅客営業規則に反することにもなります。乗客が三脚を避けて歩かざるを得なかったために歩行者がホーム上から転落して怪我をしたり、最悪死亡した場合には、過失傷害罪（刑法二〇九条）、過失致死罪（刑法二一〇条）あるいは業務上過失致傷罪（刑法二一一条）などに該当するおそれがあります。また運転手が緊急に列車を止めたのであれば、列車の運行を妨害したものとして威力業務妨害罪（刑法二三四条）の適用が考えられるほか、往来妨害罪（刑法一二四条）、列車往来危険罪（刑法一二五条）に処せられる可能性があり、不法行為として民事上の損害賠償請求を受ける可能性も考えられます。

　さらにそれらの事故が起きた場合には、怪我をした人から、あるいは亡くなった方の遺族などから損害賠償請求がなされることがあり得ますし、その事故のために列車の運行もできなくなったでしょうから、鉄道事業者からも損害賠償請求がなされることが想定されます。

NG20

ホーム上の白線や点字ブロック

- ホーム上の白線よりも線路側で撮影した。
- ホーム上の点字ブロック上から撮影をした。

どうしていけないの?

駅での撮影はホーム上の白線から内側で行うのが基本です。近年では、白線の内側に視覚障害者用の点字ブロックを設置している場合や、白線を廃止して点字ブロックだけにした鉄道事業者もあります。

点字ブロックは、正式には視覚障害者誘導用ブロックといい、その表面の突起は線路側とホーム側を認識できるように工夫されています。鉄道事業者は、この点字ブロック上に荷物を置いたり、立ち止まらないように協力を呼びかけています。そのため、撮影のために立ち止まったり、カメラバックを置いたりするのは、極力避けたほうがよいでしょう。

良い写真撮影のために

安全な撮影をするには、点字ブロックの内側が望まれます。ただ、視覚障害者が明らかに歩行していないような場合は、点字ブロック上からの撮影も可能となりますが、鉄道事業者によっては、点字ブロックの内側に下がるように指示されることもあります。

例―点字ブロック、脚立・三脚・フラッシュ禁止、作例

写真1は、田園都市線すずかけ台駅のホームの先端です。ここは、短いトンネルを抜けてくる電車を撮影するポイントとして以前から人気があります。近年ホームドアの設置でホーム先端には近寄れなくなりましたが、この場所からも撮影は可能です。ただし、脚立、三脚、フラッシュ、ホームドアからの乗り出し、誘導・警告ブロック上での撮影は禁止ですのでマナーを守って撮影しましょう。

写真1　ホーム先端の点字ブロックと各種禁止の表示　<東京都 田園都市線すずかけ台駅>

写真2　撮影についての注意表示例

写真3　黄色の点字ブロック手前から撮影した東京メトロ08系

法律

ホーム上の白線は、乗客、利用者に対して安全を確保する見地から、列車進入時などに列車への接触が起きないように、列車との距離を確保する目的で設置されているものと考えられます。よって白線よりも線路側に手やカメラなどを突き出して撮影などする行為は、撮影者自身に危険が及び兼ねない行為ですから、旅客営業規則によって禁止されている行為となります。それに違反して列車を緊急停止させたような場合には、威力業務妨害罪（刑法二三四条）や列車往来危険罪（刑法一二五条）に該当することとなります。

次に点字ブロックを視覚障害者が利用できないようにする行為は、視覚障害者が移動するに際しての唯一の拠り所を奪うこととなる訳で、その結果怪我などを負うに至れば、同様に過失致傷などの刑事責任を追及されることもあり得ます。

他方民事責任としては、列車の運行を止めたことによる鉄道事業者からの損害賠償請求を受けるほか、怪我をされた方から損害賠償請求されることも考えられます（民法七〇九条）。

NG21

自撮り棒での撮影について

迫力がある写真の撮影をしようとして、進入してくる列車の前にホーム上から棒を突き出したところ、棒が列車にぶつかり折れて、ホーム上を歩いていた人にぶつかってしまった。

どうしていけないの？

自撮り棒の先端は、撮影者よりも列車に近づくことができるため、距離感がつかみにくく、走行中の列車と接触してしまう可能性が高いものです。

また、第三軌条（線路の横に、電流を流すためのレール）を設置している鉄道事業者では、自撮り棒がホーム下に落下してショートが発生してしまうと、運行に大きな影響を与えてしまう可能性があります。また、自撮り棒でカメラを高い位置に上げて撮影することも非常に危険です。架線に触れてしまうと自撮り棒を通じて、電流が自分に流れ感電してしまうことや、運行に大きな影響を与えてしまう可能性があります。

良い写真撮影のために

在来線は直流１５００Ｖなど、新幹線では交流２５０００Ｖといった高い電圧を使用しているため、付近に棒を近づけるだけで、感電や火災を引き起こしてしまう場合もあります。ホーム上での自撮り棒を使って撮影したいなら、しっかりと周囲との距離を取り、危険が伴わない範囲だけで、行うようにしてください。

また、最近、駅構内でよく目にしますが棒の先に付けたマイクを構内スピーカーに当てて行う録音も、もし棒が倒れてしまうと他の人に当たり喧嘩になってしまうといったトラブルを引き起こすことも考えられます。撮影や録音での長物の使用は、やめましょう。

例｜ホームドアと電車間の隙間

ホームドアと電車とは、写真1のようにほとんど隙間がありません。顔を出したり自撮り棒の使用は大変危険です。また、長い棒の先にマイクを付けての録音も、架線との接触で感電の恐れがあります。

写真1　ホームドアと電車の間の隙間のなさ

法律

ホーム上から線路内に自撮棒を突き出して撮影した行為は、撮影者自身にも危険が及び兼ねない行為ですから旅客営業規則によって禁止されている行為となるでしょう。その結果、列車を緊急停止させたような場合には、威力業務妨害罪（刑法二三四条）や列車往来危険罪（刑法一二五条）に該当することとなります。

次に列車の車体に傷を付けた場合、ぶつけて傷つけても良い、壊しても良いと思って行ったのであれば、故意犯（未必の故意）としての器物損壊罪（刑法二六一条）が成立します。またホーム上の第三者に折れた棒が当たった点は、棒が列車に当たれば折れて予想も付かないところに飛び散りかねないと予測できて、それでも構わないと考えて行動したような状況であれば、棒が当たった人に対する暴行罪（刑法二〇八条）、怪我をしたのであれば傷害罪（刑法二〇四条）に該当しかねないこととなりますが、過失に留まれば過失傷害罪（刑法二〇九条）が成立することとなります。

他方民事責任としては、列車の運行を阻害して、一定時間列車を止めたのであれば鉄道事業者に対して、また暴行、あるいは怪我をさせた人に対しても不法行為責任（民法七〇九条）が成立して損害賠償請求を受ける可能性があります。

NG22

ホーム上から線路に降りた

撮影のためホーム上から線路に降りた。

どうしていけないの?

ホーム上から線路に降りての撮影は、危険なばかりでなく列車の緊急停止などにもなります。絶対に行ってはいけない行為です。

ホーム上から線路に物を落としたときは、駅員にお願いしましょう。その際は、必ずお礼を言うのを忘れないようにしましょう。

良い写真撮影のために

ホーム上から降りてはいけませんので、そのような写真は撮れないと思ってください。ホーム先端からの撮影も安全な場所からなら問題はないのですが、駅によっては撮影禁止としている場合もあるので、指示に従いましょう。

例｜ホーム側面と線路

駅のホームは意外と高く、電車の走る多くの路線は１１００ミリ、その他の車両と共用は９２０ミリとなっています。線路に降りるとすぐには這い上がれず列車と接触の危険があります。

なお、ホームの高さは車両の変化と共に変わってきました。ステップの付いた客車列車の時代は７６０ミリでしたが、１９６６（昭和42）年以降は１１００ミリと９２０ミリとされています。ただし、地方のローカル線などでは現在も改修が行われず７６０ミリの低いホームが残っている駅もあります。

写真1は、東海道本線掛川駅のホームですが、レンガ積みの７６０ミリからコンクリートでかさ上げされた９２０ミリ、そして現在の１１００ミリと、まるで地層のように変化した姿が見られます。

写真1　かさ上げされてきた感がわかる東海道本線掛川駅（静岡県）のホーム

法律

ホーム上から線路に降りることは、自身が列車に接触して死亡するなどの重大な結果を招く危険がある行為であり、鉄道地内立入罪（鉄道営業法三七条）に該当するだけでなく、さらに線路内に降りたことによって列車の運行を阻害したり、緊急停止させたりした場合には、威力業務妨害罪（刑法二三四条）や列車往来危険罪（刑法一二五条）にも該当することになります。

線路に物を落とした場合には、線路に降りることなく、駅員など鉄道側の人に頼んで、専用の機具などで取ってもらうべきです。

次に民事責任としては、線路に降りたことによって列車の運行を阻害した場合には、不法行為責任（民法七〇九条）が成立して損害賠償請求を受ける可能性があります。

NG23

ホーム上の設備の操作

目的の列車を待っているうちに、つい発車ブザーを押してしまった。

どうしていけないの？

多くの人が集まる駅。駅というのは、私たちにとって思い出が多い場所の一つです。鉄道愛好家なら、幼き頃から家族と一緒に駅へ行き、列車に乗りに来ていたはずです。それゆえに、駅での鉄道員の行動はよく知っているはずです。

列車が入ってきて、車掌がドアを開ける。発車ブザーを押して、駅員が乗降終了の合図を送り、それを確認して、ドアを閉める。その的確な励行は、日常の中で見られる風景として、憧れでした。

最近の大手私鉄やJRでは、ホーム上での発車ブザーを使用せず、車掌が携帯しているリモコン装置や、車両に備え付けの車外スピーカーを通じて、乗降促進メロディーを流すことが多いものです。もちろん、ホームドアの操作も車内のスイッチと連動しているので、基本的にホーム上でのスイッチを操作することは、上記の鉄道事業者では少なくなりつつあります。

しかしながら、ホーム上のスイッチで発車ブザーを鳴らす鉄道事業者も多く、それがホーム上にあることで、勝手に押されるイタズラがあると聞きます。このような行為をした場合、一番怖いのが、ホーム上からの落下です。視覚に障害がある人は、聴覚で周りの状況を確認することが多いのです。そのため、列車が来ていないのに発車ブザーが鳴ると、列車が到着していると勘違いして、ホーム上から転落してしまう可能性があります。しかも発車ブザーは、駆け込みを助長させてしまう意見もあり、さらに危険です。

良い写真撮影のために

列車進入中にブザーがイタズラで鳴らされたら、最悪の状況も想像するのは難しくはないはずです。駅やホームで、業務用と思われる装置は、人の生命など、安全に関わる重要な装置です。絶対にイタズラはしてはなりません。

法律

鉄道施設において、ブザーは、発車合図であったり、種々の意思伝達の手段として取り決められた方法で利用されています。それゆえブザーが勝手に鳴らされると、例えば発車準備が完了していないにも拘わらず、運転士は発車してよいものと誤った認識をして列車を運行させてしまう危険性がある訳です。これは偽計による業務妨害罪（刑法二三三条）に該当します。また軽犯罪法一条三一号の「他人の業務に対して悪戯などでこれを妨害した者」にも該当することとなるでしょう。

さらにブザーを悪用したために、慌てて列車に乗り込もうとして転んで怪我をしたなど、派生的な事故を招く可能性もあります。派生的な事故についても刑事責任が追及されるかどうかは、必ずしも悪戯との因果関係が明白でないなどの理由で認められないこともあろうかと思われますが、後述する民事、損害賠償請求を受ける可能性は否定できません。

またそれらの悪戯によって、列車の運行が阻害されたり、緊急停止させられたりした場合には、上記の業務妨害罪以外にも列車往来危険罪（刑法一二五条）などにも該当する可能性があります。

民事責任としては、列車の運行を妨害した訳ですから、鉄道事業者から損害賠償請求されることはもとより、上記の派生的に発生する事故による怪我などについても、不法行為責任（民法七〇九条）として損害賠償請求を受けることとなるでしょう。

NG24

列車・乗務員室

- 折り返し中に無断で乗務員室に入って運転台を撮影した。
- 駅員や運転士、車掌などを撮影した。
- 運転室後ろの窓から前方の風景を動画で撮影した。
- 車掌の車内放送を録音した。

どうしていけないの？

運転室や車掌室には、列車の運行に必要な機械がたくさんあり、それらに触れると思わぬ事故が発生する可能性があるので立ち入りは禁止されています。

駅員や運転士、車掌などは、鉄道愛好家には憧れの存在です。そんな姿をカメラに収めたい気持ちはわかりますが、顔がはっきりわかるような写真は肖像権侵害に当たる可能性があります。

運転席後ろの窓から前方の風景を動画で撮影したり、車内放送を録音するのは問題がありません。ただし、動画や録音を無断で販売する行為は法律に触れる可能性があります。

良い写真撮影のために

鉄道イベントなどで、運転室や車掌室が公開された際に、スタッフの許可の元で撮影できる可能性があります。

乗務員や駅員など人物の撮影は、構図によって肖像権侵害となることがあります。撮影の許可を得るか、顔がはっきりわからない構図、遠景から撮影するなど、配慮することが必要です。

前方の動画や車内放送は、個人で楽しむのなら問題はありませんが、乗客に迷惑が掛かるような行動は慎んでください。

例｜列車・乗務員室

写真1は、えちごトキめき鉄道の「直江津D51レールパーク」に展示されているクハ４１２形の運転台です。ここでは運転台にも自由に入れるので、機器の撮影も可能です。このように展示車両やイベントなどで運転台に入れることもありますので、その際に撮影を試みましょう。

前方の撮影は、乗務員が特定されるようなアングルでなければ問題はないと思われます。小田急７００００形ＧＳＥや名鉄１０００系パノラマスーパーなど、前方の景色を楽しむための車両は、窓も大きく撮影に適しています。

写真1 「直江津D51 レールパーク」に展示された自由に撮影が楽しめるえちごトキめき鉄道クハ412形の運転台

写真2　名鉄1000系パノラマSuperから撮影した前方風景

写真3　京王1000系の前方風景。通勤車両の場合は、客室からの撮影となるので、一般の乗客の邪魔にならないように配慮すること。

法律

運転席のみならず、折り返し準備中として停車中の車両には、関係者以外は立ち入らないように要請され、あるいは立ち入らないように警告する表示がなされている場合もあると思われます。そのように立ち入りが禁止されている車両内部、特に機械類や装置などが設置されている運転台に立ち入る行為は、軽犯罪法一条三二号に該当し、あるいは鉄道営業法三三条三号の「列車中の旅客に供せざる箇所に乗りたるとき」に該当するだけでなく、車両自体が直ちに建造物侵入罪に規定された建造物と言えなくとも、駅という建造物に付随する施設あるいは囲繞地《いにょうち》に侵入したものとして建造物侵入罪（刑法一三〇条）の規律を受ける可能性もあると考えられます。また写真撮影だけに止まらず、何かの装置に触れたり、機器を操作したりしてその機能を損なうようなことや、車両が動き始めてしまったよう場合には、威力業務妨害罪（刑法二三四条）の適用があり得ますし、さらに動き出した列車が他の列車と衝突するなど影響が波及した場合には往来妨害罪（刑法一二四条）や列車往来危険罪（刑法一二五条）に処せられる可能性も否定できません。

さらにそれらの場合には、不法行為として多額の損害賠償請求を受けるであろうと考えられます。

なお、走ってくる列車を正面から撮った場合に運転手が写ってしまったとしても、列車の撮影に際して運転手を除いては撮影できませんのでやむを得ないものとなります。ただし乗務員の方が特定できるような写真を作品として発表する場合には肖像権侵害となりますので、それらの方が特定できないように加工する配慮が必要です。

NG25

列車や客車内での撮影行為

車内で撮影した写真に、芸能人や一般人が写っていたが、SNSに投稿してしまった。

どうしていけないの?

車内では、撮影をする上でさまざまな注意点があります。一般的に車内広告は写真の中に入っていても問題ないと思われますが、車内広告をメインで撮影すると、そこに写っているタレントやモデルの肖像権が気になるところです。環境下で映り込んでしまうのは仕方がないかもしれませんが、あらかじめ確認が必要でしょう。

また、撮影する目的が業務用であれば、業務に関わるスポンサーの都合で、撮影後に編集が必要となる場合もあります。

沢山の乗客を乗せて走る列車内での撮影では、他の乗客を写さないことは絶対的に必要です。最近ではインターネットなどに列車の画像を投稿することが多いのですが、どこの誰が、どの列車に乗っている。などと、個人情報がわかってしまうと、場合によってはストーカーをはじめ、犯罪に利用される可能性もあります。これは列車内の写真に限ったことではありませんけど。

良い写真撮影のために

個人を特定できないようにぼかす、もしくはきちんと確認を取ってから撮影しましょう。個人をはじめ、乗務する車掌や運転士の撮影も、どこの鉄道事業者に勤めて、どのような仕事をしているかがわかるという、情報源になってしまうため、たとえ写り込みであっても、きちんとした配慮が必要でしょう。これは、その人の表情や、どこの誰であるかがはっきりわかる写真は、必ずやリスクがある。と考えた方が、良いということです。

ただし、撮影者が被写体となり得る人から了承を得ることや、鉄道事業者から許可を取得することができれば、もちろんこの限りではないと思われます。

法律

撮影については、判例（最高裁昭和44年12月24日）は、個人の私生活の自由の一つとして、何人も、承諾なしに、みだりに容貌・姿態を撮影されない自由を有していることを認めています。いわゆる肖像権を侵害すれば、不法行為責任として損害賠償請求を受けることとなります。

ただし、写し込みではなく写り込みである場合、正当な範囲内のものである場合には民事責任が発生しない可能性もあります（著作権法30条2項参考）。この際、車内での撮影が禁止されているか否かは、正当な範囲内か否かを判断するために重要な要素になると思われます。

投稿については、撮影と投稿は別の行為ですから、撮影したこと自体は適法でも、投稿することは違法という可能性もあります。投稿についても、正当な範囲内のものか否かが判断されることとなります。いずれにしろ他人が写っている写真を不用意に、あるいは明白な理由がないのにSNS等に投稿することは差し控えた方が良いと思われます。

芸能人については、その肖像に顧客吸引力を有している場合には、一般人において所謂肖像権を有しているのとは別途、パブリシティ権を有していることがあります。判例（最高裁平成24年2月2日）によれば、①肖像等それ自体を独立して鑑賞の対象とする商品等として使用し、②商品等の差別化を図る目的で肖像等を商品等に付し、③肖像等を商品等の広告として使用するなど、専ら肖像等の有する顧客吸引力の利用を目的とすると言える場合に、パブリシティ権を侵害することとなります。

ＳＮＳへの投稿は一般的にはこれに該当しませんが、多数のリツイート、フォロワーや「いいね」を獲得して最終的にアフィリエイト報酬を得る目的があったり、自らの営業への広告的な利用をする場合には、パブリシティ権侵害という判断をされる可能性があることとなります。

NG26

連結器上

駅のホームに停車中の車両の連結器に乗り、記念写真を撮影した。また、連結器の写真も撮影した。

どうしていけないの?

停車中でも車両の外観に上ったりすると、転落や感電などの事故につながります。連結器の高さは標準で約880ミリありますし、線路上はコンクリートの枕木やバラストがあるので、怪我をすることもあります。基本的にそのような行為は禁止されています。

ホームから連結器自体の撮影は、白線から下がって行えば問題ありません。

良い写真撮影のために

連結器に乗っても良い車両はありません。公園などの保存されている車両も、「車両には登らないでください」と表示されている場合があります。足場も不安定なので、お勧めできません。

例　連結器の高さ

写真１は、京王線新宿駅に停車中の８０００系電車ですが、１１００ミリのホームと比べると、連結器上部がほんのわずか下になるぐらいの高さがあります。人の立つスペースもないので大変危険です。

写真1　停車中の8000系電車＜京王線新宿駅＞

法律

連結器に乗って記念撮影をすることは、連結器を壊してしまうほどの行為ではないでしょうから器物損壊罪（刑法二六一条）には該当しないと思われますが、そもそも「列車中の旅客の乗用に供せざる箇所に乗りたるとき」（鉄道営業法三三条三号）に該当しますので、乗ってはならないこととなります。

また記念撮影をすることによって列車の発車を妨げるなど、正常な運行に支障を来すようなことがあれば、威力業務妨害罪（刑法二三四条）にも該当することとなります。

なお連結器は列車の重量が掛かる装置で、堅牢に作られているとは思われますが、それに人間が乗ることを予定した形状ではありませんから、足を踏み外して線路まで転落して怪我をするなど不慮の事故を招くことが予想され、そうした事故を起こした場合には、結果として列車の正常な運行が阻害されるなど多大な迷惑を掛けることとなるだけでなく、場合によっては威力業務妨害罪（刑法二三四条）などの適用が検討される事態ともなりかねません。

なお連結器から転落したことが過失であったとしても、そもそも連結器に乗ろうとしたこと自体に不法行為責任が発生しますので、列車遅延などに対して、民事としての不法行為責任（民法七〇九条）が成立して損害賠償請求を受ける可能性があります。

NG27

窓から手を出す

走行中の列車の窓を開け、窓から顔や体を出して撮影を行った。

どうしていけないの?

鉄道施設には車両が施設と接触しないように建築限界が定められています。おおむね線路の中心から両方向に2メートルとされています。車両は幅の広いワイドボディ車で約2・9メートルありますので、車両と架線柱間は片側約55センチになります。もちろん路線や区間によりもっと広い場合もありますが、意外と隙間がないので手や顔を出すと接触する危険があります。

良い写真撮影のために

列車に乗ると窓を開けて、外の景色やカーブする車両の前方を撮影したくなりますが、あまり大きく顔や手を出すと架線柱は標識と接触します。本来は窓枠から外に出ないようにするのがよいのですが、それでは写真が撮れないので、窓枠から少し出るぐらいの常識的な距離でカメラを構えるようにすればよいでしょう。しかし、自己責任です。

例｜窓からの撮影

かつては写真1のように、窓が大きく開く車両が走っていましたが、現在は上側が少し開くか完全に密閉された車両が主流となりました。そのため、このように窓を開けて写真が撮れるのは珍しい光景でしょう。写真2は窓枠にカメラを置いての撮影です。窓枠が画面に入ることで、列車から撮影したことがわかります。写真3は少し窓からカメラを出しています。障害物がないので危険はありませんが、ある意味自己責任ともいえます。

写真1　かつての電車は窓が大きく開いた

写真2　窓枠にカメラを置いての作例

写真3　少し窓からカメラを出しての作例

写真は２００６（平成18）年に花輪線と山田線で撮影したものになり、現在は車両が変わって同じような写真は撮れなくなっています。

法律

列車は、ポイントを通過する際など、予想以上に車体が振れ、線路脇の構造物などがすぐ近くになることがあります。よって基本的に窓や旧式客車のドアが開けられるデッキなどから身を乗り出すことは極めて危険な行為であることを認識すべきです。そのうえで走行中の窓から写真を撮る場合には、十分に安全を見極めたうえでごく短時間に行うべきであり、また乗務員などから制止された場合には直ちに従い、中止します。鉄道営業法四二条には、乗務員からの要請に従わず車内の秩序を乱した場合には鉄道係員は列車から退去させることができる（同四号）ことが規定され、また列車運転中に側面にある扉を開く行為も罰せられています（鉄道営業法三三条二号）。

なお窓からの乗り出しなどが度を超えて、また乗務員からの制止があるにも拘わらず止めない場合、運転士が危険を感じて列車の運行を中止した場合には、さらに威力業務妨害（刑法二三四条）や列車往来危険罪（刑法一二五条）などの適用も受けることとなり、それらに併せて民事、不法行為責任（損害賠償、民法七〇九条）を追及されることとなります。

NG28

車内から大声で通話

友人と撮影情報の交換をするため、車内において大声で携帯電話を使用しての通話をした。

どうしていけないの？

車内での携帯電話の使用はマナー違反になります。ほかの乗客とのトラブルとなるため、鉄道事業者でも車内での通話は控え、特急列車などはデッキを利用するように求めています。

良い写真撮影のために

デッキがない通勤車両などは、携帯電話での会話は控え、メールなどで情報の交換をするとよいでしょう。

法律

鉄道営業法四二条四号には、車内の秩序を乱した場合には鉄道係員は列車から退去させることができることが規定されています。よって大声で通話するなどして周囲の乗客らから顰蹙《ひんしゅく》を買うようなことはすべきでなく、最悪の場合には列車から降ろされてしまうこともありうることとなります。

また乗務員や他の乗客との間で言い合いなどのトラブルを起こした場合には、威力業務妨害罪（刑法二三四条）に該当するとして警察に通報される場合も考えられますし、結果として列車の定時運行が阻害されるなどすれば、併せて民事の不法行為責任（損害賠償、民法七〇九条）を追及されることにもなりかねません。

NG29

座席指定券の買い占め

番外編

ゆっくり座りたいので座席指定券を2枚購入し、一人分の乗車券で乗車した。自由席で座席に荷物を置いた。

どうしていけないの?

基本的に二つ以上の席を一人で利用することはできません。車内検札の際も、乗車券と指定席券の一つの席しかチェックされないため、買ってあるもう一つの席を車内で空席として販売されてしまうこともあります。

このような行為は、以前から指定席券だけの快速列車で見られました。一人が買い占めて満席となると、せっかく旅行をしようとした人が諦めなくてはなりません。マナー違反でもあり、慎むべきです。

また、自由席で座席に荷物を置くこともマナー違反です。車内トラブルにもなりますので、荷物は網棚か自分の膝に乗せましょう。

良い写真撮影のために

一人で二席以上の座席は利用できませんが、寝台特急「サンライズ出雲・瀬戸」の二人用個室寝台は、二人分の特急寝台券があれば乗車券は一人で利用できます。また、ＪＲ東海では「のぞみ」のグリーン車二人掛けシートを一人で利用できる「ＥＸグリーンプラスワン」を試験的に発売しました。鉄道事業者によっては、四人掛けボックスシートを一人で利用できるプランも発売されていますので、そのような列車を利用するのがよいでしょう。

法律

座席指定券は、あらかじめ座る席を確保することによって列車の利用を確実にする目的で購入するもので、列車に乗っても席に座れない危険を回避し、あるいは自由席に座れるように発車時刻より早い時間からホームに並ばなくて済むことを目的とするものです。それゆえ利用者自身が座って列車を利用することに限定して発売されると考えられます。例えばＪＲ東日本の旅客営業規則１４７条６項においては「乗車券類は、乗車以外の目的で乗降場に入出する場合には、使用することができない」と規定されていることからも、乗車目的ではなく荷物を置く場所を確保するために座席指定券を購入した場合には、２席目を利用することはできない可能性があります。

(https://www.jreast.co.jp/ryokaku/02_hen/04_syo/01_setsu/index.html)

なお指定券の２枚目の席の利用を巡って乗務員と揉めるような場合には、鉄道営業法四二条１項四号に規定する「車内における秩序を乱す所為あるとき」に該当して列車から降ろされてしまうこともあり得ます。

NG30

ゴミのポイ捨て

炎天下での撮影の際、何本も買い足し飲み干したペットボトルがカバンに入らなかったので、ポイ捨てをしてしまった。

どうしていけないの?

ペットボトルのような合成樹脂は、土壌で土になるまでに450年以上もかかるといわれており、植物の育ちにも影響が及びます。またマイクロプラスチックになると人体にも影響を及ぼすほか、川に流れ込み海洋生物に多大な影響を与えます。撮影後に食べたおいしい魚料理に、ポイ捨てしたペットボトル由来のマイクロプラスチックが潜んでしまっている可能性も生まれます。

良い写真撮影のために

撮影地における飲料水の確保で一番環境にもいいのは水筒を持参することですが、それが難しくペットボトルなどを利用する場合は撮影の必需品として、ビニール袋を持参しましょう。ビニール袋はペットボトルなどのゴミ入れだけでなく、雨が降ったときにはカメラバックに被せることで機材等が濡れるのを防ぐこともできます。また、ビニール袋にゴミを入れたら、カメラバックの肩ひもに結び付けておけば、移動の際にも邪魔になりません。小さなことのように思えますがが、環境保護には大きな貢献といえます。

例｜ゴミ袋の技

撮影地では長い時間過ごすことが多いので、飲料水やお弁当などを持参する人も多いでしょう。ただ、ゴミをその場にポイ捨てするのはNGです。ゴミの持ち帰りができるようにゴミ袋を持参し、カメラバックに結び付けておけば、風に飛ばされることもなく移動の際にも邪魔にならずに便利です（写真1）。

写真1　カメラバックに結び付け、ゴミ入れとして使ったビニール袋

法律

ゴミを自分の責任で適切に処理しないことは、公衆道徳に反する行為であるだけでなく、地方自治体によっては、ゴミのポイ捨てを禁止する条例を制定しているところもあるので、それらの条例の規定に抵触する可能性があります。一例を挙げれば、東京都新宿区においては「新宿区空き缶等の散乱及び路上喫煙による被害の防止に関する条例」が制定されており、同条例7条

は「区民等は、道路、公園、広場、公開空地その他の公共の場所に空き缶等をみだりに捨ててはならない」と規定しており、また同条例2条1号は「空き缶等」について「飲料を収納し、又は収納していた缶、瓶その他の容器並びにたばこの吸い殻、チューインガムのかみかす及び紙くずをいう」としていることから、飲み干したペットボトルを公共の場所に捨てることは同条例に抵触することとなります。

NG31

撮影者同士のいざこざ

珍しい列車が来るため、多くの人がホーム上に集まっていたが、場所の取り合いで喧嘩が始まり、負傷者が出た。

どうしていけないの?

社会生活において、人を傷つけるような行為は犯罪となります。

良い写真撮影のために

珍しい列車などには多くの鉄道愛好家が集まります。ホームなどでは撮影できる場所が少ないので、お互いに譲り合って撮影しましょう。同じ仲間同士なので皆が気持ちよく撮影して帰れるように心がけるべきです。

例　集まった鉄道愛好家

写真2　ホームに停車中の列車はSLの引く観光列車です。このような列車では、記念写真を撮りたい観光客と、SLだけを撮影したい撮り鉄との間でいざこざが起こることがあります。お互いに譲り合って撮影を楽しむように心がけてください〈北海道 JR釧路駅〉

写真1　参考：小田急7000系の最終列車に集まった鉄道愛好家（トラブルがあったわけでありません）

法律

喧嘩になり、相手に対して有形力を行使して、怪我を負わせた場合には、傷害罪（刑法二〇四条）が成立します。傷害罪の法定刑は15年以下の懲役又は50万円以下の罰金であり、傷害の結果人死を死亡させた場合には傷害致死として3年以上の有期懲役に処せられることとなります。決して軽い罪ではありませんから、軽い気持ちで喧嘩を始めることは絶対に許されません。

更さらにホーム上での諍《いさか》いによって周囲に迷惑が掛かり、さらに列車の運行や駅の業務執行を阻害することとなった場合には、場所が駅のホーム上であり、騒ぎが起きることによって業務執行に影響が生じても良い、仕方が無いことだと思っていた場合には、威力業務妨害罪（刑法二三四条）、あるいは列車往来危険罪（刑法一二五条）に該当する可能性もあります。

また喧嘩をした結果、喧嘩の相手方から治療費などの損害賠償請求

（民法七〇九条）がなされるだけでなく、鉄道事業者からも損害賠償請求がなされることが考えられます。

NG32

使われていなさそうなものでも窃盗

無人駅の裏手に、かつてその駅で使っていた駅名板が雨ざらしで置かれていた。捨てられてしまうくらいならと思い、持ち帰った

どうしていけないの？

古くなった駅名板や駅の備品が、駅の敷地内に放置されていることがあります。捨てるものと考えて持ち帰りたい気持ちになりますが、駅の備品は鉄道事業者の財産ですので、勝手に持ち帰ると窃盗罪となります。

良い写真撮影のために

捨てられているような備品が欲しい場合は、鉄道事業者に譲ってもらえるように交渉するのがよいのですが、近年はこのような備品は、鉄道事業者自らが販売をするので、それを利用し、購入するのがよいでしょう。

かつては、列車の行先板《サボ》などが持ち去られることが多かったため、いまでは駅や列車に監視カメラを取り付けるなどの対策を行っています。窃盗は必ず逮捕されると考えましょう。

例｜使われていなさそうな備品

長野電鉄信濃竹原駅には、かつて貨物列車が運行されていた際の積み下ろし場と貨物取り扱いの注意板が残っています。もう使われない表示板ですが、

写真1　かつて使われていたこういうものも、持ち帰れば窃盗　＜長野県 長野電鉄信濃竹原駅＞

勝手に取り外して持ち帰れば窃盗となります。また、駅のホームにも錆びだらけの方面板が掲出されていますが、現役で使用していることでもあり、持ち去れば窃盗罪となります。（写真1、2）

写真2　錆びだらけだが現役で使われている方面板
＜長野県 長野電鉄信濃竹原駅＞

法律

窃盗罪が規定されている理由として、保護されるべき対象は占有であるとされ、その占有とは、抽象的に所持と占有意思があれば認められると理解されています。古くなった駅名板でも、駅を管理する駅長か、少なくとも鉄道事業者が占有していると理解されますので、雨ざらしで置かれていたとしても、また例え価値が低くとも窃盗罪の対象となります。よって無断で持ち帰ることは窃盗罪になります。

撮り鉄も乗り鉄も歓迎する「えちごトキめき鉄道」

人が訪れるのは地域の活性化につながる

近年では、鉄道愛好家のマナーが問題となってしまい、本来は良い関係だった鉄道事業者ともトラブルを起こすようになってきてしまいました。特に撮り鉄は、車で撮影に訪れる人が多いため、鉄道事業者側としては自社の収入にも結び付かず、線路を横断するなどトラブルの原因となることから、あまり良い顔をしなくなっているのは事実と言えるでしょう。現に、これまで発表されていた新型車両の回送ダイヤなどが非公開とされてしまいました。

そんな中で、新潟県の「えちごトキめき鉄道」は、車だろうが列車利用だろうが、多くの鉄道愛好家が訪れることを歓迎しており、国鉄形電車の運転や鉄道博物館の開設などにも力を入れており、鉄道愛好家と良い関係を築き上げています。

えちごトキめき鉄道の鳥塚社長自身、昔から鉄道が好きで撮り鉄でもありました。そのため、撮り鉄の気持ちや鉄道愛好家が望んでいることをよく理解されておられ、次々とアイディアを出し続けています。

そして、「車で訪れたとしても、食事や買い物をしていただければ、地域全体に潤いをもたらす」という考えに賛同された撮り鉄も、地域でお金を使うように心がけているようです。さらに、次々と撮り鉄や乗り鉄が飛びつくような企画を送り出すことに感謝してのことか、マナーが自然に守られています。

撮り鉄が撮りたい撮影ポイントを開放

では、どのような企画が行われるかほんの一例を紹介しましょう。

沿線の能生駅構内の桜並木が満開になると、国鉄形の観光急行の走る土休日の運転時間帯に、通常では立ち入ることができない場所で撮影会が実施されます（写真１）。普通なら高額な撮影料などが設定されてもおかしくないものですが、ここでは駅の入場券１９０円だけという破格な料金です。安価な料金設定は、多くの撮り鉄が無理なく安全に撮影してほしいという鳥塚社長の思いの表れです。

参加した当日は、鳥塚社長自らが立会いを行い、撮影者が平等に良い写真を撮れるようにと、撮影に適した場所で観光急行を停車させるという配慮があり、その5分間、撮り鉄は交互に場所を譲りながら、和気あいあいとした雰囲気で撮影

写真1　桜並木と観光急行の名場面

写真2　撮影ポイントで停車し、入れ替わりで撮影を楽しむ

をしていました（写真2）。

乗り鉄の心をくすぐるような旅を提案

観光急行は、さまざまな運行スタイルを提供しており、あるときは食堂車となり、あるときは夜行列車にもなります。昭和の鉄道旅が再現され、当時を知る人には懐かしさを、若い人には昔の旅を実感してもらおうと企画されたもので、鳥塚社長が案内人となり車内を回ることもあります。

乗車した観光急行の車内を見渡すと、乗り慣れた風の一人の小学生に目が留まりました。社長やスタッフから子鉄君と呼ばれている常連さん

写真3　鳥塚社長と子鉄君

で、沿線に住んでおり、鉄道が大好きで日曜日はいつも観光急行に乗りに来ているとのことです。「昔の自分を見ているみたいでしょう」と、鳥塚社長が子鉄君を紹介してくれましたが、確かに昔の自分も日曜日は鉄道趣味の一日だったと当時を思い出したひとときでした。

他の乗客にも鳥塚社長を含めスタッフが気さくに話しかけるので、自然とリピーターが多くなっています。

マナーを守れば鉄道愛好家と鉄道事業者との間には信頼関係が生まれます。他の鉄道路線でも、共存関係を模索し実行している例も見られます。信頼関係を構築するには、マナーは最低限必要です。

取材協力：えちごトキめき鉄道

参考付録　関連法令集（抜粋）

e-Gov ポータル　https://www.e-gov.go.jp/　より

第九五条 公務員が職務を執行するに当たり、これに対して暴行又は脅迫を加えた者は、三年以下の懲役若しくは禁錮又は五十万円以下の罰金に処する。

第一二四条 陸路、水路又は橋を損壊し、又は閉塞《そく》して往来の妨害を生じさせた者は、二年以下の懲役又は二十万円以下の罰金に処する。

第一二五条 鉄道若しくはその標識を損壊し、又はその他の方法により、汽車又は電車の往来の危険を生じさせた者は、二年以上の有期懲役に処する。

第一二六条 現に人がいる汽車又は電車を転覆させ、又は破壊した者は、無期又は三年以上の懲役に処する。

第一二七条 第一二五条の罪を犯し、よって汽車若しくは電車を転覆させ、若しくは破壊し、又は艦船を転覆させ、沈没させ、若しくは破壊した者も、前条の例による。

第一三〇条 正当な理由がないのに、人の住居若しくは人の看守する邸宅、建造物若しくは艦船に侵入し、又は要求を受けたにもかかわらずこれらの場所から退去しなかった者は、三年以下の懲役又は十万円以下の罰金に処する。

第二〇四条 人の身体を傷害した者は、十五年以下の懲役又は五十万円以下の罰金に処する。

第二〇八条 暴行を加えた者が人を傷害するに至らなかったときは、二年以下の懲役若しくは三十万円以下の罰金又は拘留若しくは科料に処する。

第二〇九条 過失により人を傷害した者は、三十万円以下の罰金又は科料に処する。

第二一〇条 過失により人を死亡させた者は、五十万円以下の罰金に処する。

第二一一条 業務上必要な注意を怠り、よって人を死傷させた者は、五年以下の懲役若しくは禁錮又は百万円以下の罰金に処する。重大な過失により人を死傷させた者も、同様とする。

第二二二条 生命、身体、自由、名誉又は財産に対し害を加える旨を告知して人を脅迫した者は、二年以下の懲役又は三十万円以下の罰金に処する。

第二二三条 生命、身体、自由、名誉若しくは財産に対し害を加える旨を告知して脅迫し、又は暴行を用いて、人に義務のないことを行わせ、又は権利の行使を妨害した者は、三年以下の懲役に処する。

第二三三条 虚偽の風説を流布し、又は偽計を用いて、人の信用を毀損し、又はその業務を妨害した者は、三年以下の懲役又は五十万円以下の罰金に処する。

第二三四条 威力を用いて人の業務を妨害した者も、前条の例による。

第二六一条 前三条に規定するもののほか、他人の物を損壊し、又は傷害した者は、三年以下の懲役又は三十万円以下の罰金若しくは科料に処する。

第二六二条の二 境界標を損壊し、移動し、若しくは除去し、又はその他の方法により、土地の境界を認識することができないようにした者は、五年以下の懲役又は五十万円以下の罰金に処する。

鉄道営業法

第三三条 旅客左ノ所為ヲ為シタルトキハ三十円以下ノ罰金又ハ科料ニ処ス

一 列車運転中乗降シタルトキ

二 列車運転中車両ノ側面ニ在ル車扉ヲ開キタルトキ

三 列車中旅客乗用ニ供セサル箇所ニ乗リタルトキ

第三六条　車両、停車場其ノ他鉄道地内ノ標識掲示ヲ改竄、毀棄、撤去シ又ハ灯火ヲ滅シ又ハ其ノ用ヲ失ハシメタル者ハ五十円以下ノ罰金又ハ科料ニ処ス

②　信号機ヲ改竄、毀棄、撤去シタル者ハ三年以下ノ懲役ニ処ス

第三七条　停車場其ノ他鉄道地内ニ妄ニ立入リタル者ハ十円以下ノ科料ニ処ス

第三八条　暴行脅迫ヲ以テ鉄道係員ノ職務ノ執行ヲ妨害シタル者ハ一年以下ノ懲役ニ処ス

第三九条　車内、停車場其ノ他鉄道地内ニ於テ発砲シタル者ハ三十円以下ノ罰金又ハ科料ニ処ス

第四〇条　列車ニ向テ瓦石類ヲ投擲シタル者ハ科料ニ処ス

第四二条　左ノ場合ニ於テ鉄道係員ハ旅客及公衆ヲ車外又ハ鉄道地外ニ退去セシムルコトヲ得

一　有効ノ乗車券ヲ所持セス又ハ検査ヲ拒ミ運賃ノ支払ヲ肯セサルトキ

二　第三三条第三号ノ罪ヲ犯シ鉄道係員ノ制止ヲ肯セサルトキ又ハ第三四条ノ罪ヲ犯シタルトキ

三　第三五条、第三七条ノ罪ヲ犯シタルトキ

四　其ノ他車内ニ於ケル秩序ヲ紊ルノ所為アリタルトキ

② 前項ノ場合ニ於テ既ニ支払ヒタル運賃ハ之ヲ還付セス

新幹線特例法

第二条 新幹線鉄道の用に供する自動列車制御設備、列車集中制御設備その他の国土交通省令で定める列車の運行の安全を確保するための設備を損壊し、その他これらの設備の機能を損なう行為をした者は、五年以下の懲役又は五万円以下の罰金に処する。

2 前項の設備をみだりに操作した者は、一年以下の懲役又は五万円以下の罰金に処する。

3 第一項の設備を損傷し、その他同項の設備の機能をそこなうおそれのある行為をした者は、五万円以下の罰金に処する。

第三条 次の各号の一に該当する者は、一年以下の懲役又は五万円以下の罰金に処する。

一 列車の運行の妨害となるような方法で、みだりに、物件を新幹線鉄道の線路（軌道及びこれに附属する保線用通路その他の施設であつて、軌道の中心線の両側について幅三メートル以内の場所にあるものをいう。次号において同じ。）上に置き、又はこれに類する行為をした者

第四条

二　新幹線鉄道の線路内にみだりに立ち入つた者

新幹線鉄道の走行中の列車に向かつて物件を投げ、又は発射した者は、五万円以下の罰金に処する。

軽犯罪法

第一条　左の各号の一に該当する者は、これを拘留又は科料に処する。

一　人が住んでおらず、且つ、看守していない邸宅、建物又は船舶の内に正当な理由がなくてひそんでいた者

五　公共の会堂、劇場、飲食店、ダンスホールその他公共の娯楽場において、入場者に対して、又は汽車、電車、乗合自動車、船舶、飛行機その他公共の乗物の中で乗客に対して著しく粗野又は乱暴な言動で迷惑をかけた者

一三　公共の場所において多数の人に対して著しく粗野若しくは乱暴な言動で迷惑をかけ、又は威勢を示して汽車、電車、乗合自動車、船舶その他の公共の乗物、演劇その他の催し若しくは割当物資の配給を待ち、若しくはこれらの乗物若しくは催しの切符を買い、若しくは割当物資の配給に

関する証票を得るため待つている公衆の列に割り込み、若しくはその列を乱した者

一五 官公職、位階勲等、学位その他法令により定められた称号若しくは外国におけるこれらに準ずるものを詐称し、又は資格がないのにかかわらず、法令により定められた制服若しくは勲章、記章その他の標章若しくはこれらに似せて作つた物を用いた者

三一 他人の業務に対して悪戯などでこれを妨害した者

三二 入ることを禁じた場所又は他人の田畑に正当な理由がなくて入つた者

道路交通法

第三三条 車両等は、踏切を通過しようとするときは、踏切の直前（道路標識等による停止線が設けられているときは、その停止線の直前。以下この項において同じ。）で停止し、かつ、安全であることを確認した後でなければ進行してはならない。ただし、信号機の表示する信号に従うときは、踏切の直前で停止しないで進行することができる。

2 車両等は、踏切を通過しようとする場合において、踏切の遮《しゃ》断機が閉じ

ようとし、若しくは閉じている間又は踏切の警報機が警報している間は、当該踏切に入つてはならない。

3 車両等の運転者は、故障その他の理由により踏切において当該車両等を運転することができなくなつたときは、直ちに非常信号を行う等踏切に故障その他の理由により停止している車両等があることを鉄道若しくは軌道の係員又は警察官に知らせるための措置を講ずるとともに、当該車両等を踏切以外の場所に移動するため必要な措置を講じなければならない。（罰則　第一項及び第二項については第一一九条第一項第五号、同条第三項）

第七六条 何人も、信号機若しくは道路標識等又はこれらに類似する工作物若しくは物件をみだりに設置してはならない。

3 何人も、交通の妨害となるような方法で物件をみだりに道路に置いてはならない。

第一一八条 次の各号のいずれかに該当する者は、六月以下の懲役又は十万円以下の罰金に処する。

2 次の各号のいずれかに該当する場合には、当該違反行為をした者は、六月以下の懲役又は十万円以下の罰金に処する。

五 第七六条（禁止行為）第一項又は第二項の規定に違反したとき。

第一一九条　**2**　次の各号のいずれかに該当する場合には、当該違反行為をした者は、三月以下の懲役又は五万円以下の罰金に処する。

七　第七六条（禁止行為）第三項又は第七七条（道路の使用の許可）第一項の規定に違反したとき。

民法

第四一五条　債務者がその債務の本旨に従った履行をしないとき又は債務の履行が不能であるときは、債権者は、これによって生じた損害の賠償を請求することができる。ただし、その債務の不履行が契約その他の債務の発生原因及び取引上の社会通念に照らして債務者の責めに帰することができない事由によるものであるときは、この限りでない。

第七〇九条　故意又は過失によって他人の権利又は法律上保護される利益を侵害した者は、これによって生じた損害を賠償する責任を負う。

著者

渡部 史絵（わたなべしえ）

鉄道ジャーナリストとして月刊誌『鉄道ファン』や「東洋経済オンライン」の連載をはじめ、書籍や新聞、テレビやラジオ等で鉄道の有用性や魅力を発信中。著書は19作を数え、『東京メトロ　知られざる超絶！世界』（河出書房新社）他多数ある。国土交通省をはじめ、行政や大学、鉄道事業者にて講演活動等も多く行う。Yahoo!ニュース公式コメンテーターとしても活動。

結解 学（けっけまなぶ）

1958年生まれ。大学卒業後、写真の世界に入り、以後フリーカメラマンを職業とする。主な分野は鉄道写真だが、以前は、旅や温泉、遊園地などの撮影も行っていた。主な著書に「東京の鉄道の謎を探る」（天夢人）「JRダイヤ改正史」（飛鳥書房）「テツは熱いうちに撮れ！」（交通新聞社）ほか多数。

監修者

長島 良成（ながしまよしなり）

1957年生まれ
慶應義塾大学法学部法律学科卒業後、
1980年司法試験合格、
1983年4月弁護士登録
長島良成法律事務所主宰
慶応大学鉄道研究会のOBであり、中学生から主に蒸気機関車の撮影を始め、大学2年の冬に夕張線の蒸気機関車牽引の最終列車も見届けた。現在でも鉄道模型の蒐集などを続けている。

- 本書の内容に関する質問は、オーム社ホームページの「サポート」から、「お問合せ」の「書籍に関するお問合せ」をご参照いただくか、または書状にてオーム社編集局宛にお願いします。お受けできる質問は本書で紹介した内容に限らせていただきます。なお、電話での質問にはお答えできませんので、あらかじめご了承ください。
- 万一、落丁・乱丁の場合は、送料当社負担でお取替えいたします。当社販売課宛にお送りください。
- 本書の一部の複写複製を希望される場合は、本書扉裏を参照してください。

JCOPY ＜出版者著作権管理機構委託出版物＞

鉄道写真 ここで撮ってもいいですか

2023年7月28日　　第1版第1刷発行

著　　者　渡部史絵
　　　　　結解　学
監 修 者　長島良成
発 行 者　村上和夫
発 行 所　株式会社 オーム社
　　　　　郵便番号　101-8460
　　　　　東京都千代田区神田錦町3-1
　　　　　電話　03(3233)0641(代表)
　　　　　URL　https://www.ohmsha.co.jp/

© 渡部史絵・結解　学・長島良成 *2023*

組版　マツダオフィス　　印刷・製本　三美印刷
ISBN978-4-274-23083-7　Printed in Japan

本書の感想募集　https://www.ohmsha.co.jp/kansou/

本書をお読みになった感想を上記サイトまでお寄せください．
お寄せいただいた方には，抽選でプレゼントを差し上げます．

乗り鉄エキスパート
駅すぱあと社員が考えた旅の強化書

鈴木 省吾・夏目 雄介・
廣戸 晶・三上 雄平 共著
A5判・208頁
ISBN978-4-274-22907-7

鉄道ダイヤがつくれる本

曽根 悟・富井 規雄 監修
高木 亮 著
A5判・212頁
ISBN978-4-274-50710-6

詳細図鑑
小田急ロマンスカーの
車両技術

小田急電鉄株式会社
鈴木剛志・板垣匡俊・岩崎哲也 共著
A5判・232頁
ISBN978-4-274-22203-0

もっと詳しい情報をお届けできます.
◎書店に商品がない場合または直接ご注文の場合も
右記宛にご連絡ください.

ホームページ https://www.ohmsha.co.jp/
TEL/FAX TEL.03-3233-0643 FAX.03-3233-3440

鉄道信号技術

一般社団法人 日本鉄道電気技術協会 編
A5判・460頁
ISBN978-4-274-22620-5

鉄道車両の情報通信技術入門
―車両制御情報システムと国際規格―

電気学会・鉄道車両のICTに関する
調査専門委員会 編
A5判・200頁
ISBN978-4-274-22913-8

鉄道安全解体新書

一般社団法人 日本鉄道技術協会
総合安全調査研究会 監修
中村 英夫 編著
A5判・300頁
ISBN978-4-274-22765-3

もっと詳しい情報をお届けできます.
◎書店に商品がない場合または直接ご注文の場合も
右記宛にご連絡ください.

ホームページ https://www.ohmsha.co.jp/
TEL／FAX TEL.03-3233-0643 FAX.03-3233-3440